镇村志

编纂实务指南

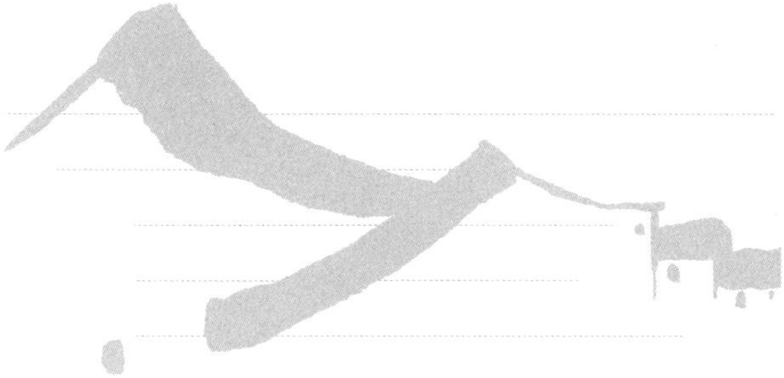

Practical Guide to Compilation of Town and Village Chronicles

江苏省地方志工作办公室 编著

南京出版社
南京出版传媒集团

图书在版编目（CIP）数据

镇村志编纂实务指南 / 江苏省地方志工作办公室编著. -- 南京：南京出版社, 2025. 2. -- ISBN 978-7-5533-5172-8

Ⅰ. K290-62

中国国家版本馆CIP数据核字第2025MT3534号

书　　名　镇村志编纂实务指南
作　　者　江苏省地方志工作办公室
出版发行　南京出版传媒集团
　　　　　南 京 出 版 社
社　　址　南京市玄武区太平门街53号
邮　　编　210016
联系电话　025-84515971、83283897（发行）　025-83283866（镇村志编辑部）

策划统筹　杨传兵
责任编辑　徐　辰
装帧设计　王　俊　刘　俊
责任印制　杨福彬

排　　版　南京新华丰制版有限公司
印　　刷　南京爱德印刷有限公司
开　　本　787 毫米 × 1092 毫米　1/16
印　　张　18.75
字　　数　228千
版　　次　2025年2月第 1 版
印　　次　2025年2月第 1 次印刷
书　　号　ISBN 978-7-5533-5172-8
定　　价　86.00 元

《镇村志编纂实务指南》编纂人员

主　　编　左健伟

副 主 编　桑　荟　刘立军

特邀撰稿　陆瑞萍　傅　强　王海燕　申万霞
王鼎良　杨传兵

编纂人员　宫冠丽　黄　静　徐彩霞　尤　岩
何　磊　郭家旭

前 言

文化关乎国本、国运，是一个国家、一个民族的灵魂。习近平总书记深刻指出："没有高度的文化自信，没有文化的繁荣兴盛，就没有中华民族伟大复兴。"地方志，是中华民族特有的文化瑰宝，具有存史、资政、育人的独特功能，是记录历史、传承文明、弘扬文化、服务社会的重要载体，具有推动文化繁荣、建设文化强国、建设中华民族现代文明的历史使命。作为地方志重要组成部分的镇村志，是省、市、县三级综合志书的延伸和补充，对于加强乡村文化建设、助力乡村全面振兴、促进乡村经济发展、赋能乡村基层治理、推动乡村和谐稳定，具有非常重要的意义。

中国编纂地方志的历史悠久，可追溯至两千多年前，镇村志的编纂历史亦长达千年。长三角地区，特别是江苏一带，不仅是中国镇村志的发源地之一，更是明清时期镇村志编纂最为繁盛的区域。南宋时期浙江海盐的《澉水志》，是中国现存最早的镇志，以其"叙述简核，纲目该备""体例精严"著称，对后世乡镇志的编纂产生了深远影响。清顺治初年江苏吴江的《庉村志》与康熙二十四年（1685）安徽池州的《杏花村志》，分别为现存最早的手抄本村志与刻印本村志，《杏花村志》甚至被收入《四库全书》，彰显了古代镇村志在中国文献中的重要地位。江苏作为方志大省，仅明清两代就有乡镇志239种，数量与质量均居全国前列，《道光白蒲镇志》《咸丰甘棠小志》《光绪梅里志》等良志辈出，苏州太仓、常熟、吴江等地的乡镇还多次续修志书，乡贤文士鼎力支持，望族大姓热心倡导，呈现一片繁荣景象，流传一方历史文脉。

中华人民共和国成立以来，特别是改革开放以来，镇村志编纂工作焕发出新的生机与活力。新时代的镇村志，在继承古代镇村志优良传统的基础上，更赋予了新的时代内涵与价值，通过系统梳理记载镇村的历史沿革、自然景观、民风民俗、物产资源、名胜古迹、经济发展、文化演变，全方位展现镇村的发展轨迹与时代变迁，真实反映人民群众奋斗创业的历程，成为记录地方历史、传承乡村文化的重要手段，提供历史智慧和文化内涵的有力支撑，提升中华文化影响力、服务乡村振兴和新型城镇化建设的有力工具。

2018 年，中共中央、国务院印发的《乡村振兴战略规划（2018—2022 年）》提出要“鼓励乡村史志修编”；2022 年，中共中央办公厅、国务院办公厅印发的《乡村建设行动实施方案》明确提出“深入推进农村精神文明建设”，同年印发的《“十四五”文化发展规划》更是明确指出“加强农耕文化保护传承，支持建设村史馆，修编村史、村志，开展村情教育”。可以说，镇村志编纂迎来了历史上的最好时期。江苏省委、省政府高度重视镇村志的编纂工作，对“十四五”期间的镇村志编纂工作进行了全面部署，并在全国首次提出用 10 年时间实现镇（街道）志编纂全覆盖、历史文化名村编纂全覆盖的宏伟目标。截至 2024 年底，江苏省已具备编纂条件的 1198 个乡镇（街道）中，绝大多数已开展或完成了志书的编纂工作，编纂覆盖面、出版覆盖面分别达到 99%、45.3%；全省应编尽编村志的 81 个村，编纂覆盖面、出版覆盖面分别达 92.6%、32.1%。

然而，因为重视程度、政策支持、资源禀赋等各方面的原因，镇村志编纂工作仍面临一些困难和挑战，如财力物力投入不足、编纂队伍不够稳定、编纂业务知识缺乏等问题。因此，加强镇村志编纂工作的规范化、标准化建设尤为重要。江苏省地方志工作办公室认真贯彻落实《省政府办公厅关于实施镇村志编纂文化工程的通知》和全省镇村志编纂文化工程推进会精神，一方面，持续组织编纂全国首套全媒体志书“江苏名镇名村志”系列丛书，打造镇村志的典范之作；另一方面，通过高频次的调研推动，分主题、分层次开展专家授课和交流互动，加大业务培训与指导力度，提高编纂人员专业知识和业务素养。正是在这样的背景下，《镇村志编纂实务指南》应运而生。该指南由具有丰富镇村志编修经验的地方志专家撰稿，从资料搜集与整理、编纂规范与要求、审校与出版等方面，对镇村志编纂进行全过程、全部类、全方位的梳理总结，为编纂者提供了切实可用的操作指南和规范严谨的参考依据，为推进编纂进度、提高编纂质量提供了有力保障。这一探索与实践，不仅将为江苏乡镇志编纂注入新动能，更有望为全国镇村志编纂工作提供可参考、可借鉴的经验启示。

让我们携手共进，把镇村志编纂工作放在中国式现代化建设的大局中考量，把方志文化建设放在乡村全面振兴的大场景中谋划，以“家国天下”的格局、“民为邦本”的胸怀，以更加坚定的信念、更加饱满的热情，大力推进乡镇志编纂文化工程，积极服务中心大局，为全面推进乡村振兴、实现中华民族伟大复兴贡献智慧和力量！

目 录

第一章 方志常识

第二章 工作流程

第五章 志稿编写

第六章 其他体裁编写

附 录

编后记

江苏兴化 水乡春光

1

第一章

方志常识

第一节 方志定义

方志又称地方志，是全面、系统地记述本行政区域自然、政治、经济、文化和社会的历史与现状的资料性文献，为“一方之全史”“地方百科全书”。国史、方志、家谱并称为三大历史文献。编纂地方志是中华民族优秀的历史文化传统。地方志以起源早、持续久、类型全、数量多而享誉世界，其地域之广泛性、空间之无隙性、时间之连续性、体例之规范性、资料之翔实性、内容之综合性，是我国别种类文献资料无法比拟的。我国历代编修的府、州、县志以及省志有10000余种，约占我国现存古籍的1/10。江苏历代所编修的各种志书超过1000种，现存世的有800多种，占全国现存志书的1/10以上，因此，江苏素有“方志之乡”的美誉。

第二节 方志源流

方志编纂历史源远流长，“最古之史，实为方志”。“方志”一词，最早见于《周礼·地官》：“诵训，掌道方志，以诏观事。”关于方志的起源，历代学者论述不一，有的认为先秦时期的《周礼》《禹贡》《山海经》为方志之始，有的则认为东汉的《越绝书》《吴越春秋》、东晋的《华阳国志》开方志先河。

早期的地方志，以地记、郡书、图经、图志等形式出现。江苏地区的早期方志，西汉有《广陵郡图经》《沛国耆旧传》，东汉有《越绝书》《吴越春秋》。三国及西晋初年，又相继出现《吴县记》《娄地记》《阳羡风土记》等。其中，《吴县记》《娄地记》可视为我国第一批县志，《阳羡风土记》则是我国较早的风土志之一。

据张国淦《中国古方志考》统计，我国南北朝及其以前的通志、府县志共有 260 余种，其中今江苏地区就有 39 种，约占全国同类方志总数的 15%。

隋唐时期，官修志书制度确立。今江苏地区的地记、图经等不断涌现，如《吴地记》《淮阴图经》等。

宋元时期，方志发展趋于成熟，逐渐由内容较为单一的地志或人物志、风俗志等专志发展成为综合性文献载体，编纂体例趋于规范，并开始广泛采用雕版印刷。隋唐以前，方志的门类不过地图、山川、风土、人物、物产等数种，而且分别单行，各自为书。至宋代，方志体例始备，舆图、疆域、山川、名胜、建置、职官、赋税、物产、乡里、风俗、人物、方伎、金石、艺文、灾异等内容汇于一书。这一时期，江苏出现了一批享誉全国的名志，如《吴郡志》《咸淳毗陵志》《景定建康志》《至顺镇江志》《至正金陵新志》等。

明清两代，地方志编修进入鼎盛时期。明永乐年间制定出台《纂修志书凡例》，对志书名称、内容、资料搜集、编纂体例等作出规范，这是我国由政府正式颁布的第一个修志条例。明朝中叶，已经是“天下藩郡州邑莫不有志”。专志在明朝再次兴盛起来，有山水志、书院志、陵墓志、名胜志等。至明代，地方志的类型已经基本齐全，形成了比较完整的体系。

清代方志之多居历朝之首。据《中国地方志总目提要》，清代江苏编修的志书共 447 种，占江苏现存旧志总数的一半以上。志书类型更加丰富，省、府、州、县无不有志，山水、书院、寺院等各类专志编纂也十分兴盛。清朝末年，还出现了大量为各地学校作教材用的乡土志。方志学在清代正式形成，出现了考据派和史志派两大流派。江苏人洪亮吉、孙星衍、李兆洛等为代表的考据学派，强调志书资料的考据工作，旁征博引，详加按语，标明出处；以章学诚为代表的史志学派，强调对各类资料分析概括，以成一家之言。

辛亥革命后，时局动荡，战事纷扰，方志编纂时断时续。江苏作为方志大省，秉承明清时期的修志风气，编纂了大量的志书，成为民国时期全国仅有的3个修志种类超过100种的省区之一。伴随着时代的变迁、社会的进步，民国时期方志的体例和内容日新月异，时代气息扑面而来。在传统方志变革转型的同时，由国外传入的年鉴也在中国落地生根。民国时期，江苏约出版各类年鉴6种20卷，由此开启了江苏年鉴编纂的新征程。

中华人民共和国成立后，特别是改革开放以来，社会主义新方志编修取得巨大成就，形成以修志编鉴为主业、各项工作协调开展的事业格局，拓展了方志文化的内涵，为提升国家文化软实力发挥了独特作用。改革开放以来，江苏先后开展了两轮新方志编修，全面系统地记述了江苏经济社会变迁历程，展示了党领导人民进行革命、建设和改革所取得的伟大成就、积累的丰富经验；年鉴事业欣欣向荣，省、市、县三级地方综合年鉴编纂实现全覆盖。

第三节　方志种类

地方志根据记述内容的不同，有综合志、专志之分。综合志是按行政区划编纂的综合性志书，旧志有通志、府志、州志、县志等，新方志有省志、市志、县志等。专志是专门记述某一地区的某一项特定事物：名胜志记述一些风景名胜，如南京的《莫愁湖志》、苏州的《寒山寺志》《沧浪亭志》；风土志记述一地的风俗、民情、特产，如淮安的《清河风俗物产志》、镇江的《西石城风俗志》；金石志记述当地的铜器、碑刻等文物，如连云港的《云台金石记》、南通的《崇川金石志》；经籍志或艺文志介绍当地人的著作；人物志记述当地著名人物；杂志记述一地遗闻轶事等。江苏地方志门类齐全，不仅有省、府、州、厅、县、乡镇、都邑志，还有山水、名胜、人物、金石、艺文、盐法、海关、圩堤、厂矿等专志。江苏地方志编纂质量上乘，涌现出《阳羡风土记》《吴郡志》《景定建康志》《咸淳毗陵志》《姑苏志》《嘉庆太仓州志》《民国吴县志》《首都志》等一批名志。清代《四库全书》收录的志书中，江苏的优秀志书约占全国的1/4。

第四节　方志内容

地方志纵贯古今、横陈百业、包罗万象，是地域文化的根脉，是历史资源的宝库。旧方志记述了各地的历史沿革、天文地理、名胜古迹、资源物产、民族、宗教、风俗以及政治措施、军政机构、典章制度、经济状况、文化科学、著名人物、重大事件以至方言俗语、金石碑刻、天灾人祸、故事传说等。

新方志全面系统地记述了各地自然、政治、经济、文化和社会的历史与现状，展示了人民进行革命、建设和改革的宏伟业绩，特别是改革开放以来所取得的巨大成就。2020年底，江苏省第二轮三级志书编纂工作全面完成，这一鸿篇巨“志”包括省志1部（60本分专志）、设区市志13部、县（市、区）志96部，共计110部、271册、3.35亿字，全面系统地记述了江苏1978—2008年改革开放的历史进程和辉煌成就；省市县三级综合年鉴110部，系统地记述了全省各地年度政治、经济、文化、社会、生态等方面的发展情况。

方志是连接国家与社会的重要纽带，是透视二者关系的一个窗口。

地方志中保留了大量户口、田赋、物产、关税等经济资料。日本人加藤繁是最早开发方志史源的学者之一，他在《中国经济史考证》一书中引用中国文献 300 余种，其中引用中国地方志达 204 种。1999 年汉语大词典出版社出版的《中国地方志经济资料汇编》是从数千种地方志中采择、选编而成，近 300 万字，该书已成为我国经济史，特别是古代、近代经济史研究的重要资料来源或资料线索来源。人类历史是由人创造的，地方志人物传记涉及人物之多、群体之广，是其他任何文献种类都难以企及的。这些鲜活的人物传记展现了形形色色的人物群像，折射了各个时代的社会历史与人文风貌。

地方志也留下了科学技术的珍贵记录。从 20 世纪 50 年代起，一些科研机构和政府有关部门，把地方志中的相关资料分门别类汇编成《中国古铜矿录》《中国古代天象记录总集》《中国地震历史资料汇编》等资料集，极大地便利了相关研究。气象学家、地理学家竺可桢曾根据方志记载的植物分布及花开花落时间的变化，研究中国历代气候变化的规律，他在《中国近五千年来气候变迁的初步研究》一文中，把近 5000 年的气候变迁分为四个时期，其中之一就称为“方志时期”（公元 1400—1900 年），即利用数量众多的明清方志，探讨明清两代 500 年中长江、黄河流域气候变动的情形，他认为地方志为研究一个地区的气候提供了很可靠的历史资料。

第五节　方志体例

1. 体裁

志书在千百年的演变发展后，形成了不同于其他文化载体的独特体

江苏兴化 油菜花海

江苏兴化 金黄色运河

例。志书诸体并用，一般包括述、记、志、传、图、表、录。“述”，包括总述、概述、无题序之类，置于志首或篇、章之首，用以概括事物发展的基本面貌和主要特点等。“记”，包括大事记、专记和编后记。“志”，即专志、分志，分门别类，一类一志，纵述史实，反映某事物在当地的兴衰起伏、发展变化，志是志书的主体。“传”，即人物传及人物传略，记述符合入志条件的已故人物事迹。传有单传、合传等形式。为突出人物历史作用，在世人物不立传，可以设置“人物简介”。“图”，包括地图、统计图、示意图、照片、拓片、影印件等，图、照给人以直观感受，让人一目了然。“表”即列表，有大事年表、统计表等，表要求随文，亦有节省文字、一目了然之作用。“录”即附录，专收未载入正文而又有重要存史价值的文献、补遗考订等。人物篇章中，还有烈士名录、英模录和名人录等。在当今互联网技术迅猛发展的形势下，音视频、二维码链接已渐成为重要的新形式。志书在体裁运用上的广泛性，是其突出特征，也是由志书内容的深远和广博决定的。体裁运用的广泛性不是“大杂烩”，而是各有分工：以“序”开篇，带起全书；以“述”接续，展现全貌；以“记”为经，综记大事；以“志”为纬，分事详述；以“传”为翼，展示人文；“图表照”随文而行，穿插其中；“录”以殿后，收录资料。各种体裁各有分工，形成一个整体。

2. 章法

坚持时空界限明确。一是区域界限明确，不越境越界而书。二是时间界限明确，不随便越时而书。三是行业专业界限明确，不随便跨界而书。

坚持事以类从，纵述史实，做到横不缺要项，纵不断主线。要项是主要工作或重要事项，主线是主要发展阶段。事以类从就是按事物的不同性质类别来区分篇章，设置篇目，而不是单纯以历史时期来划分篇目分类。纵述史实就是按照时间发展顺序客观记述事物的发生、发展和结果。

坚持述而不论。志书通过资料铺排来展现事物的兴衰起伏，不加作者的议论或评论，寓观点于史实记述中。

第六节　方志功能

方志具有“存史、资政、育人”的功能。瞿宣颖在《方志考稿·序》中揭示了方志的六大功用：“社会制度之委曲隐微不见于正史者，往往于方志中得其梗概，一也；前代人物不能登名于正史者，往往于方志中存其姓氏，二也；遗文佚事散在集部者，赖方志然后能以地为纲，有所统摄，三也。方志多详物产、税额、物价等类事实，可以窥见经济状态之变迁，四也；方志多详建置兴废，可以窥见文化升降之迹，五也；方志多详族姓之分合，门地之隆衰，往往可与其他史事互证，六也。”通过方志，地方历史文化得以传承，文脉得以赓续。

1. 地方志保存了大量珍贵的历史资料

地方志是“一方之全史”，全面记述了一个区域的自然、政治、经济、文化、社会等各方面情况，反映了地域社会的历史变迁，是认识地方历史的窗口。方志保存史料丰厚，地理方面有沿革、疆域、面积、分野等内容；政治方面则有建置、职官、兵备、大事记等内容；经济方面则有户口、田赋、物产、关税等内容；社会方面则有风俗、方言、寺观、祥异等内容；文献方面则有人物、艺文、金石、古迹等内容。地方的历史资料如族谱、契约等一般是个别性的记载，而地方志是反映地方整体性的记载。“欲睹一县人民活动之总成绩者必于县志是赖，欲睹一省人民活动之总成绩者必于省志是赖。自县而至省，自省而至国，然后一国文化递嬗之迹，庶几可以了然矣。”

地方志能补国史之缺、参国史之错、详国史之略。顾炎武著有《天下郡国利病书》和《肇域志》，自谓“所取资料，正史而外，端资方志”。地方志在自然、天文、地理、矿产、水利、方言、民俗、诗文、民族等方面提供的资料，为科学研究提供了大量珍贵资料。英国学者李约瑟的《中国科学技术史》广泛参考和征引了中国地方志的有关资料。李约瑟通过研究和运用中国地方志的亲身实践，增进了对中国地方志价值的了解，他认为要研究人类文明，就必须研究中国的地方志。

2. 地方志资料可为领导决策提供借鉴

地方志所提供的资料与原始材料不同，它经过筛选、整理、加工，具有系统化、条理化的特点，体现出一定的规律，具有较高的实用性。清代编纂的《吏治悬镜》，对新上任的地方官吏提出了 32 项规定，其中第三项要求就是“览志书”。阅读地方志已成为官吏任职的重要职责和政绩考核的内容之一。社会主义新方志实事求是地记载了一地的历史与现状，既有成功的经验，也有失败的教训，可为各级领导决策施政提供历史借鉴。

3. 地方志可助力地方经济社会发展

地方志中蕴藏着大量珍贵资料，可以为地方经济社会发展提供历史借鉴和智力支持。如苏州古典园林申遗文本以历代地方志文献为基础，高度概括了苏州古典园林蕴含的中华优秀传统文化，中外专家评价该文本在史学上、科学上都达到了很高水平，对申遗成功发挥了重要作用。

4. 地方志是爱国爱乡教育的重要教材

地方志是乡邦文献最重要的组成部分。张元济说：“睹乔木而思故家，考文献而爱旧邦。”方志承载着热爱乡土的情怀。地方志记载了一方的山水名胜、文化古迹及著名历史人物、英雄模范、能工巧匠等，这些本乡本土的史实，是对当地群众特别是青少年一代进行爱家乡、爱祖国教育的绝佳教材。清末兴起乡土志编纂，将乡土志作为新式学堂的教科书，开展乡土教育，“惟乡土之事，为耳所习闻，目所常见，虽街谈巷论，一山一水，一木一石，平时供儿童之嬉戏者，一经指点，皆成学问。其引人入胜之法，无逾此者。然必由府、厅、州、县各撰乡土志，然后可以授课”。梁启超说：“盖以中国之大，一地方有一地方之特点，其受之于遗传及环境者盖深且远，而爱乡土之观念，实亦人群团结进展之一要素。利用其恭敬桑梓的心理，示之以乡邦先辈之人格及其学艺，其鼓舞浚发，往往视逖远者为更有力。”

第七节　方志流布

阅读地方志能够快速了解当地人文、地理等情况。鉴于它有着较高的学术和实用价值，尤其是对研究中国国情有着重大参考价值，因此也受到外国学者的高度重视。早在唐代就已有方志文献流传到了日本，此后的上千年，有大量的方志不断流传到海外，成为历史上中外文化交流的一座桥梁，起到了传播中华优秀传统文化的作用，是中华优秀传统文化对外输出的重要象征。

世界上主要国家的重要图书馆，几乎都藏有中国地方志。日本各图书馆共藏有中国地方志数千部，志书数量和质量都超过其他国家。根据日本人山根幸夫《日本现存明代方志目录》（1971 年增补版），仅日本 12 个图书馆所藏的明代方志就有 300 多部，其中 57 种在中国国内已经失传。

美国搜购中国古籍大约从 19 世纪中叶开始。1918 年以后，美国国会图书馆几次派人到中国各省采购地方志，中国地方志是美国国会图书馆东方部的特藏之一，目前大约有4000种。哈佛燕京大学的哈佛燕京图书馆藏有中国地方志3500多种。美国其他著名大学也都多少不等地藏有中国地方志。

据1957年巴黎出版的《欧洲各国图书馆所藏中国地方志目录》记载，欧洲英、法、意、德、比、荷、瑞典七国的25个藏书单位，共藏有中国地方志1434种，其中以法国国家图书馆收藏最多。

安徽宣城 油菜花田

2

第二章

工作流程

镇村志编纂工作是一项政策性强、涉及面广、时间跨度长、编纂难度大的系统工程，需要各级政府重视、支持并加强领导，各级地方志部门要坚持依法修志，做好组织推动和跟踪指导，编纂人员要沉下身心，潜心编研。而要编纂出质量上乘、经得起历史检验的镇村志，首要是对整个工作流程熟稔于心，并准确把握重要环节，才能在组织发动、工作推动、编纂进度把握、志稿质量把控等方面做到游刃有余、张弛有度、顺利畅达。

镇村志编纂工作流程主要包括调研准备、组织发动、建立机制、设计篇目、搜集资料、编纂志稿、评审验收、报批出版等阶段。每个阶段都有相应的具体任务，唯有环环相扣，才能确保志书的顺利出版。

第一节　调研准备

1. 坚持依法治志，找准修志定位

2006年国务院施行的《地方志工作条例》和2018年12月施行的《江苏省地方志工作条例》均明确规定：县级以上地方人民政府负责地方志工作的机构主管本行政区域的地方志工作。作为地方志工作机构，应尽快明确角色定位，清楚自身在镇村志整个编纂工作中的主要职责，厘清市、县、镇政府，村委会，市、县地方志部门，镇村志主编、主笔各自的责任，形成责任清单和关联网络。立足官修性质，找准地方志部门在整个修志链条中的定位，理顺各个环节和各种关系，避免盲目自负或妄自菲薄，做到不越位、不缺位，坚持依法修志，确保推进工作有理、有利、有节，为后面部署和推进工作打下法理基础。

2. 追溯修志传统，梳理修志历史

学习官修志书历史，如封建王朝的地方志诏令，民国时期的地方志政令，中华人民共和国成立后政府的修志命令、法规、地方志工作条例、地方志书编纂出版规定等，梳理本地修志历史，追溯最早的修志成果，了解主要方志成果的基本情况，便于宣传发动阶段的宣传推介，增强各层级及所有参与人员的文化自信和价值认同，为镇村志编修工作的起步备好课。

3. 开展调查摸底，确定修志规模

对本行政区的镇村总数、纳入本轮编修任务的镇村底数开展调研，深入镇村了解现有镇村历史存续、镇村撤并大致情况，研究其编修镇村志的现实可行性，在此基础上逐步确定本行政区镇村志编纂规模，为后期制定跟踪指导、分类施策等实施办法打下基础。

4. 认识基层困难，做好相应预案

镇村志工作面临的困难比较多，如基层认识有待提高，市县联动举步维艰，组织不力半途而废，协调失当矛盾不断，领导更迭时断时续，人才缺乏难以为继，队伍不稳推进乏力，资料缺失无米下炊，业务不精质量堪忧，评审不严造成舆情，经费不济出版难产等。编纂领导小组应充分研判，提前做好相应思想和行动准备，将相应预案融入工作方案。

第二节　组织发动

1. 政府出台文件

地方志工作部门经过充分的前期调研后，提请市、县级政府分管领导支持，宣传国务院《地方志工作条例》中关于“县级以上地方人民政府应当加强对本行政区域地方志工作的领导”等条款内容，以及《江苏省地方志工作条例》中“鼓励组织编纂部门志、行业志、乡镇（街道）志以及村（社区）志等其他志书”，《乡村振兴战略规划（2018—2022年）》“实施乡村经济社会变迁物证征藏工程，鼓励乡村史志修编”等内容；特别是2022年3月，江苏省人民政府办公厅印发的《关于实施镇村志编纂文化工程的通知》，对全省镇村志编纂工作进行全面部署。汇报启动镇村志编纂工程的重要意义、前期调研情况、可行性分析结果、预期困难和成效、需要支持的事项等，提请各级政府出台实施镇村志编纂文化工程的文件，从政府层面启动实施。

2. 组织召开启动会议

由市、县政府组织召开镇村志编纂文化工程启动会议，是此项工程实现“高起点”“广覆盖”“收效显”的重要标志。因此，应重点选好出席对象。要精选与镇村发展有密切关联、对推动镇村志编纂有支持帮助的部门，如发展改革委、财政局、农业农村局、自然资源和规划局、生态环境局、商务局、水利局、住房和城乡建设局、科技局、统计局、医疗保障局、文广旅局、教育局、卫健委等，以及下一级政府分管负责同志，形成紧密型、上下贯通的编纂工作循环体系，提高会议效果。会议要强调各级政府的领导责任，明确责任主体、目标任务、进度安排、质量要求等。

3. 推动镇村启动

市、县政府组织启动镇村志编纂文化工程后，地方志部门迅速跟进宣传地方志相关条例和法规，扩大镇村志编纂工作的社会知晓度和影响力，营造全社会关心支持开展地方志工作的氛围。迅速推动镇村统一思想认识，细化任务目标，提前做好镇村志编纂文化工程的各项准备工作。

第三节 建立机制

1. 成立编纂领导小组

各县（市、区）应成立分管领导任组长、相关部门领导为成员的编纂委员会，加强对镇村志工作的统一领导，加强贯彻部署，建立并完善党委领导、政府主持、部门配合、专家修志、地方志编委会推动实施、编委会办公室组织实施、社会各界参与的镇村志编纂工作机制。镇、村成立编纂委员会或编纂工作领导小组，明确具体负责的分管领导和具体责任人，成员由有关部门负责同志担任，如党委书记或镇长担任组长，党委副书记和组织委员担任副组长。领导小组成员单位包括党政办、安全生产监督管理局、行政审批局、农业农村局、经济发展局、社会治理局、社会事业局、党群工作局、财政审计和资产管理局、卫生院、自然资源所、水利站、司法所等。镇村志编纂委员会或编纂工作领导小组具体负责镇村志编纂的领导工作，主要落实“一纳入、八到位”（修志工作纳入年度工作目标考核，做到认识到位、领导到位、机构到位、人员到位、经费到位、设施到位、规划到位、工作到位），研究解决修志经费、人员配备、办公场所等实际问题，以及修志过程中遇到的重大问题。

2. 组建编纂班子

镇村成立镇村志编纂办公室或编辑部，由3—5名及以上人员构成。实行主编负责制，配齐配强主编和执行主编，主编通常为镇领导，执行主编是保证镇村志质量的关键人物，应具有较高的政治素养、较强的组织协调能力、较高的写作水平和统稿能力，熟悉地情文化，能够处理好修志过程中遇到的各种难题。编纂人员应保持相对稳定，以确保工作的连续性，注重挑选工作责任心强、具有修志情怀、熟悉镇村历史、具有较深文字功底的人担任。编纂办公室或编辑部应研究制定镇村志编纂工作实施方案，明确任务书、路线图、时间表、责任制等。

3. 建立配套制度

在条件具备的情况下，可以实行三项制度。一是推行指导员制度。立足方志部门，培养优秀指导员。市、县地方志办公室积极探索聘用外地和本地地方志编纂专家，力争在镇村志编纂工作中，培养出一批行家里手。指导员应该做到“三个一步”——先行一步、学深一步、跟进一步。二是组建稳定审稿团队。从志书的谋篇布局、资料搜集、志稿编纂、图片选用、版式设计等各个工作环节，全面加大审稿力度，严格落实“三审一验收”制度。三是设立乡镇史志专员。针对基层修志队伍专业知识相对薄弱的实际情况，组织市、县、镇开展不同层面的培训、研讨，采取紧密型和松散型相结合的管理方式，广泛吸引热心修志事业的社会各界人士参与修志工作，提高编纂人员整体业务水平；完善修志队伍年龄结构，吸纳年轻同志作为史志专员，使其直接参与镇村志编修工作，提升修志效率。

4. 落实经费保障

编纂经费保障是实施镇村志编纂文化工程的重要条件，贯穿于整个编纂工作始末，主要包括正常办公经费、聘用人员工资、图文资料征集费、装帧设计费、编校费、评审费以及出版费用等。可以从三个方面提高经费保障效能。一是以市级或县级为单位，申请与出版社统一合作，以“1+N”模式，尽可能放大“N”效应，压缩出版成本，为基层减负减压。二是争取政府出台奖补政策，对保质保量完成镇村志出版任务的镇村给予一定金额的奖励，以奖代补，可按进度和质量实行差异化奖补。三是将镇村志编纂经费纳入年度财政预算。

第四节　设计篇目

在完成组织架构、组建修志班子后，篇目设计工作就应提上议事日程。篇目是志书的设计蓝图，是编纂镇村志的提纲，也是搜集资料的向导。制订一个比较科学的篇目，可以作为搜集资料的路径，指导志书资料搜集工作，做到有的放矢，收到事半功倍的效果。篇目设置得成功与否，决定着志书编纂顺畅与否。篇目拟订不科学，会导致编纂思路杂乱，矛盾层出不穷，严重影响志书编写的进程。篇目设置依照实施步骤分五类：一是规划性基本篇目，主要是借鉴江苏省地方志工作办公室组织专家针对江苏实践提供的《镇志编纂的基本篇目》以及省内已经出版的镇村志的篇目；二是搜集资料的篇目，带有一定主观性和理论要求；三是试写篇目，随着掌握资料的不断丰富，编纂者的思路逐步清晰，在试写过程中，篇目不断被优化、充实、调整；四是成熟篇目，接近最终的志书目录，可以根据此前暴露出的章、节、目之间的交叉重复、缺漏或归属不当的内容进行调整，对各层标题进行加工，趋于完善；五是最终篇目，此时的篇目经多轮评审评议，日趋完善，应坚持非必要不大动，保持稳定性。一部质量上乘的镇村志，其篇目设置应遵守横不缺要项、纵不断主线、时代特征和地方特色鲜明突出等原则。

第五节　搜集资料

资料是镇村志编纂的基础，完成编纂任务的先决条件是占有大量、全面、翔实的资料。镇村志的资料搜集工作贯穿志书编纂全过程，而前期的集中征集工作是重要基石，应辟出一段时间集中人力全力以赴、有条不紊地高效组织好。

1. 组成资料征集小组 征集小组由参编人员和抽调的资料员构成，由编纂工作领导小组研究确定精干的小组成员，可按照 1 ∶ 1 配备资料员，即 1 名参编人员配 1 名资料员，在特定时间内，集中征集资料，提高征集效率。资料员可以从镇政府机关、地情文史爱好者、退休教师等人员中选任。

2. 拟定资料搜集清单 镇村志具有补省、市、县志之缺，详省、市、县志之略的特征，这意味着镇村志资料搜集之难较之市县志书更甚，要重视对宏观的背景资料的搜集，更要重视搜集地情资料，注重对微观资料的征集，包括口述资料，充分利用镇村老同志保存的油印和打印资料、笔记资料，组织访谈、调查，获得第一手材料。这些资料具体而微，接地气，丰富生动，但需要考证。可参照已有镇村志资料征集目录和篇目，初步拟定本镇村志书的资料清单，可按照历史时期划分，分工到人，或按照篇目的大致分工，分配资料搜集任务。

3. 遴选甄别资料 对搜集的资料进行科学分类，如档案、图书、报刊、谱牒、文件、法规、总结、论文、调查报告、简报等文字资料，光盘、录像带、录音带等音视频资料，回忆录、历史见闻、民歌、民谣、谚语、方言、逸闻轶事、民间故事等口述资料，文物、地图、照片、书信、日记、奖状、证章、票据等实物资料，交由编纂者分工进行考证、鉴别，去伪存真、去粗取精，并进行数字化处理。

4. 编写资料长编 把搜集到的文字、图表等各种资料按照志书篇目设计的章、节、目等层次进行分类，分解到最后一个层次，再按时间顺序排列。其间，要熟悉全面的资料，补充不足的资料，核实不准的资料，剔除不用的资料。由编纂工作领导小组组织召开资料整理工作座谈会，统一认识，强调资料的质量要求，明确资料的取舍标准，部署资料补充完善工作，研究资料增补渠道等，夯实志书的资料基础。

安徽芜湖 共富乡村

安徽绩溪 山间民居

第六节　编纂志稿

志稿编纂水平的高低，直接关系到成书的质量。编写志稿应有清晰的思路，严把政治关、史实关、体例关、文字关、保密关“五关”，将把关的端口前移，并贯穿整个镇村志编纂过程。

1. 明确记述时空

镇村志的凡例是指导和规范编纂出版全过程的纲领和规则，其中对时间断限、记述范围有明确的规定。所以，编纂镇村志首先要明确各自记述的时空范围，主要包括地域范围、时间范围。地域范围应立足于现行行政区划的地域，应一体记述历史上的隶属变迁，注意体现事物的完整性、连续性和逻辑性，不宜缺漏。历史上曾是隶属地域，但如今不在现行区划内，可作粗略记载，与相邻镇村的志书比照记载，互相映照，互为补充，避免相互矛盾、互相抵牾、内容机械重复或照搬照抄。时间范围因地制宜，根据本志为创修或续修性质、上轮修志下限时间、重要行政区划调整时间等确定本志上限时间。若为创修的镇村志，上限时间可追溯到地域内事物发端，下限时间一般为本轮志书编纂启动时间。所记事物原则上不可越境、越时而书。但为反映事物的完整性，也不宜拘泥于“志不越境”而一概不记，如志书的总述、大事记可酌情越限；不可分割的统计数据、事物的发展过程可延展记述；有的工程项目竣工的时间与志书下限相距甚近，为了反映该项目的完整性，也可采用括注形式等。时空范围应在凡例中说明。

2. 志稿试写

执行主编组织编纂人员根据自身对资料的掌握情况，各自选取资料比较成熟、情况比较熟悉且能够驾驭的章节，开展试写工作。

一是明确编写规范　坚持正确的指导思想，记述内容必须遵循国家法律法规，符合存真求实、客观公正的基本要求，尊重历史客观规律，坚持客观记述，不溢美、不贬损，避免主观臆想或掺杂个人好恶，不能虚构历史；对入志史料进行理性分析，坚持入志标准，一把尺子量到底，坚持合法性，避免记述低级趣味或封建迷信之类负面内容；科学运用方志体裁，语言文字、标点符号、数字使用等符合国家规定规范，选用图、表、照片要与文字互补，相得益彰，避免产生歧义或矛盾，慎用人物特写等；遵守保密要求，不记载军事、法治、民族宗教、外事等有关方面涉密内容。

二是坚持横排竖写 即注意横排门类，纵述史实。在保持全志篇目横向分门别类、横不缺要项、章与章之间平行可比的基础上，章下的节与节的内容同样保持横向可比、结构均衡。节的内容坚持以时为序，不乱方寸，同时避免记流水账，把握历史轴线的重要时期和重要节点，写出事物发展的兴衰起伏，重点写好事物的发端和历史发展的起点，写好转折点，横陈事物量变质变的经过和关键点，体现事物发展的阶段性，揭示事物发展的规律。写好终点，即写好事物的终结或志书下限时的基本情况，避免下限年份记述缺失或不足。

三是调整基本篇目 根据试写情况和资料运用实际，特别是涉及专业的记述需要，增删、调整和完善原有基本篇目。

四是修改、打磨试写稿 结合修订篇目，增删并反复修改完善记述内容，检验其与修订后的篇目的匹配度。

五是体现时代特征和地方特色 注意增补本镇村的特色节和目。

六是研讨交流总结规律 试写章节只是长征第一步，但可管中窥豹，发现问题。执行主编应在各分纂人员均完成试写章节后，组织编纂人员开展充分讨论，统一认识，统一规范、标准，破解难题，用以指导全志编纂，努力将试写章节打造成示范章节、样板章节。

3. 志稿分纂

以试写章节积累的经验教训为基础，分纂人员全面编纂其他章节，这是实质性的编纂阶段，是志书编纂的重要环节。执行主编应明确进度要求，滚动审阅分纂人员完成的部分志稿，及时座谈沟通，及早发现问题，统一分纂过程中的标准和尺度。

一是厘清结构层次 镇村志的结构宜采用章、节、目层次，以章节为引领，以目为记述实体。志前设概述，从事物发端记至下限；章下设章下小序，统领本章；节下视内容需要设节下无题序，节下分列条目。

二是夯实条目基石 条目是志书撰写的最基本单元。可分为综合性条目、专业主体性条目、典型性条目等。撰写条目需要注意四个方面：一是严把政治关口。这是分纂人员的重要职责，分纂人员应绷紧把控志书意识形态责任之弦。二是严把史实关。这是分纂人员要着重加强的工作，分纂人员最早接触原始资料，如果分纂环节对史实的准确性失守，必然带来后期的诸多问题。三是把握记述方法。如依时记述法、记事本末法、综合记述法、典型遴选法、点面结合法、逐项记述法、深度记述法等。其中典型遴选法指选取兴衰起伏的关键年份的典型事例加以记述，以便反映事物发展变化及其特点；逐项记述法指需要反映事物发展全貌时，逐项记述其成因、特点、数据等，如记述镇村境内的河流，需要对境内河流的总体情况进行概括记述，再对主要河流的名称、发源地、流经地、流域面积以及基本参数全面反映，逐项记述，这些信息具有很强的存史价值；深度记述法则是对镇村发生的具有重要影响和历史意义的重要会议、重要活动、重大事件、新生事物、典型经验及取得的重要成就等进行深度记述，避免原始资料痕迹、背景长篇累牍、总结语言、教科书式解释、主观评价议论、搬用宣传报道词句、夸张渲染性空话套话等，用史实、数据支撑文稿的厚重感。四是加强组织研讨。分纂稿应集中快速形成，为总纂预留足够时间以便及时发现问题解决问题，反馈分纂人员批量修改，实现提质增效。

4. 总纂统稿

总纂工作是在完成分纂编写任务的基础上对志书的有机合成，包括统一规范、统一标准、统一编纂。总纂工作主要包括通读、通审、通纂和通校。一般要求一支笔总纂志稿，体量较大的志稿应成立总纂班子，分工总纂。总纂水平的高低决定志书最终的质量，因而任务艰巨。

一要通览全志，宏观把握质量 做好统校统改，核查凡例规定的时空范围、资料来源、行文规范、体例文风、人物收录标准、数字标点和计量单位使用标准、特殊问题处理等要求，在全志中是否执行到位，务必做到步调一致，切忌彼此割裂。

二要核查内容，确保完整齐备 核查志书的指导思想是否正确；比对目录和正文，全志内容有无缺失，是否横不缺要项、纵不断主线，史料有无缺漏，详略是否得当，重点是否突出，能否反映事物基本特征，记述是否有深度。

三要处理问题，确定增删取舍原则 比对相近章节内容，核查是否存在机械重复，避免大面积交叉重复。对某些事物的记述，可以一事多用，但要根据不同章、节、目的要求，选择事物的不同侧面或角度，通过详略不同的方法加以记述，切忌原文照搬、多处交叉重复。

四要围绕部类特点，分类破解问题 在分纂人员把关基础上，立足全志特别是政治部类进行专门把关。应和分纂人员充分沟通，对于政治表述模糊、把握不准、把关不严等问题集中会商，寻求权威部门答复口径，提出集中处理的意见和要求；对于经济部类，核查志书对镇村主导产业和特色产业的记述是否充分、是否存在缺漏等；对于文化、社会和生态部类，着重体现镇村特色和反映时代特征，核查篇目是否陈旧，是否遗漏重要历史事件、重要变革，能否体现历史前进步伐等，组织增补完善。

五要对照出版要求，进行专项把关 对志书的图照、表格、人物、附录等部分进行专项把关，必要时可与出版单位提前沟通，按照具体出版要求处理志稿，按专项规定规范志稿。

六要对照涉密要求，严把保密关　根据新闻出版署发布的《关于防止在出版物中泄露国家秘密的通知》、保密部门相关规定，对全志进行涉密排查，防患于未然。

第七节　评审验收

镇村志总纂完成后，镇村志编纂领导小组应按照《地方志工作条例》《江苏省地方志工作条例》《地方志书质量规定》《江苏省地方志书审查验收及出版办法》等有关规定，对志稿进行评审验收，落实"三审一验收"制度，开展"初审""复审""终审""验收"。

一是严格落实"三审"制度　初审通常由镇村志编纂办公室组织，由执行主编负责，属于内审机制，区别于出版环节的三审制。初审重点审查记述内容是否完整，史实是否准确。复审由编纂委员会或编纂工作领导小组负责人牵头组织开展，可组织镇村领导、政府相关部门人员、地情专家、当地老同志，就志稿史实、记述内容等方面征求意见，县（市、区）志办跟踪指导。复审重点审查志书意识形态方面是否符合宪法等法律规定，是否符合民族宗教政策和保密要求，是否全面客观地反映本地历史和现状；志书的体例是否符合志体，篇目结构、资料选用、记述方法、体例文风、行文规范等是否符合志书要求。终审由县（市、区）地方志办公室组织开展，终审专家组成员宜由3—5人组成。终审单位、申报镇村领导和有关同志、评审专家、志书编纂人员、指导人员等参会，其他即将进入终审的志书主编（总纂）可列席观摩，以会代训。终审专家通过提前审阅志稿，独立思考形成书面评审意见，围绕终审稿篇目设计、政治观点、史料运用、内容记述、体例规范、语言文风等进行全面评价，明确指出存在的问题，并提出解决相应问题的路径或办法。终审单位应在终审会上宣布送审镇村志是否通过终审的意见。三审对提高镇村志质量至关重要，缺一不可。

二是认真组织修改打磨 落实终审意见是一项艰巨而艰难的工作，因为有相当一部分意见落实有难度，如牵一发动全身的框架调整、缺失内容的增补等。修改工作需要统一思想和行动，克服畏难情绪，集体研究，寻求落实评审意见的办法。

三是把好验收最后关口 评审验收是编写环节发现问题、解决问题，确保志书质量的最后关口，应予以高度重视。验收工作原则上由市级地方志部门组织开展，也可委托县级地方志部门组织验收。验收稿要做到齐、清、定，达到出版要求。验收小组由有关方面的领导、专家、学者组成，人数不少于3人。验收人员须对志稿进行全面审查，从严把控政治关、史实关、体例关、文字关和保密关，填写《镇村志验收稿质量评估表》，量化评分细则，树牢官修志书的权威性。原则上，验收稿质量评估的平均分应高于百分制的95分方可通过验收。未达到95分的，退回编纂单位按验收意见修改，达到验收质量要求后，方可进入出版程序。

第八节 报批出版

地方志书经审查验收后，须报本级人民政府批准后方可公开出版。出版过程中应注意三点：一是确保志稿内容齐全。一部完整的志书应是从封面到封底的全部内容，都要认真审阅。二是科学组织印前审校。进入出版环节，编纂者仍应认真校对文字稿，确保编辑校对符合国家关于图书质量管理的规定。镇村志编纂单位应组织精干的专业团队力量成立审校小组，采取前后统校、编辑互校、读看对校等办法，在不伤总体结构、少动版面的前提下，通览全志的重要数据、图片、注释、附录等内容，删除重复内容，校正自相矛盾的数据，统一图片署名格式，统一章节目的行文风格。三是强化版式和装帧设计。提倡综合运用文字、图片和音视频等信息载体丰富志书内容，提升镇村志品位，规范印制。四是确保出版工作合法合规。如出版方面符合国家关于出版管理法律、法规及相关规定的要求，印制方面符合国家关于印刷业管理、音像制品管理的规定，版面格式方面符合国家有关技术标准和规定，装帧美观大方。以丛书形式出版的镇村志，分册整体设计风格要统一，形成系列。

第九节 总结经验

镇村志出版面世，不是镇村志工作的终结，相关部门应该重视每一部镇村志编纂出版的经验总结工作，形成可复制推广的经验做法、可供吸取的教训等，这是可资借鉴的有益的实践过程，如整体编纂计划的编制、编纂进度的把控、业务指导调研的路径、督查激励的方法、问题矛盾的协调破解等等。科学的总结工作有利于指导正在编纂或即将编纂的镇村志，帮助其提高编纂质效，少走弯路，提升镇村志的社会影响力，推进读志用志活动，推动镇村志编纂文化工程更好地服务镇村经济社会发展，助力乡村振兴。

总体而言，要高质量编纂出版一批经得起历史检验的镇村志，一要提高认识站位，坚持依法修志；二要加强要素保障，健全推进机制；三要强化目标引领，压实编纂责任；四要盘活人才资源，锻造修志队伍；五要细化实施流程，提升推进质效；六要贯彻审验制度，严格质量把控。

江苏句容 | 丰收在望

3

第三章

篇目设置

方志学家瞿宣颖说："凡志之佳恶，不待烦言，但阅其门目，便知其有无鉴裁之力。大抵工于鉴裁者，合则极包罗之象，分则尽剖析之能。非然，则如市中之杂货肆，欲取何物，先自茫然。故欲精志例，先求分目以允。但各地方情状万殊，极不能强为齐一。"可见，结构设计、篇目拟订是地方志书编纂中尤为重要的工作，也是镇村志编纂研究中绕不开的重要内容，务须匠心巧思。

第一节　篇目设置的基本原则

一部优秀的镇村志，篇目设置通常具有以下特点：门类完备，分类科学；布局合理，逻辑清晰；层次分明，领属得当；特色鲜明，辨识有度；标题简洁，符合规范。镇村志的篇目设置应该避免出现以下问题：结构层次混乱，缺乏逻辑性；主次不明，领属失当；标题繁简不一，缺乏整体性；"父子"同名，机械重复。总的来说，镇村志篇目设置应把握以下原则。

1. 熟悉地情与借鉴篇目相结合

一方面提倡"拿来主义"，少走弯路。在学习借鉴周边地区或邻镇邻村篇目的同时，认真研究本镇村的地情，然后谋篇布局。拟订篇目往往存在一个误区，就是简单的"拿来主义"，应处理好借鉴和自拟的关系，学习已出版的较成熟的周边镇村的篇目，可以防止本镇村志篇目残缺，出现重大缺项。另一方面应该博采众长，加强比较研究。比较旧志、市县志、传统镇志、名镇名村志篇目之异同，厘清县志、传统镇村志、名镇名村志三者之间的区别。县志是中观视角，重政情，相对重视概括性、广域性；传统镇村志具有微观视角特征，记述对象更为具体，侧重写实体和个体，篇目扁平化，篇目设置应注重对微观事物的反映；名镇名村志则是精华版镇村志，以“名”“特”为魂。江苏省镇村志编纂文化工程推动的主要是传统镇村志，体量介于县志与名镇名村志之间，体现“名”“特”但不局限于此，以确保全面系统地反映镇村的历史和现状。

2. 正确处理“横排竖写”关系

“横排竖写”是地方志书在体例上最显著的特点，即“横排门类，纵述史实”。镇村志同样应遵循此要求。横排是“分门别类”，竖写是“纵写历史”，正所谓“非横排无以求全貌，非纵述难以求条达”，横不缺要项，纵不断主线。横分门类就是坚持“事以类从，类为一志”，进行“选择性断叙”。“事以类从”通俗而言就是遵循“箩筐法则”，将同类资料归在一起，再行细分。“横排”与“竖写”相辅相成，使得原本杂乱无章的资料得以归类和有序编排，从而科学架构起镇村志的骨架，充盈其血肉。横排门类实际上就是“拟订篇目”。这是修志工作的关键环节，如同设计工程的蓝图，具有“纲举目张”的作用，应高度重视。

3. 优选结构体式和编纂格式

市县地方志部门加强总体研究和设计，各承编单位应对承编志书的篇目进行细化研究和设计。本轮编修的传统镇志建议体量控制在50万字左右，传统村志宜在20万字左右。体式上宜采用中编结构体，暗含自然、政治、经济、文化、社会和生态等几大部类，舍弃“篇”的设置，以章为第一层次，便于处理横分和纵述问题。格式上宜采用章节目体，以章、节、目作为镇志编纂格式，结构严谨，层次清晰，容量适宜，避免畸轻畸重。目下若有层次，可增设子目，便于调节。

4. 体现党中央决策部署落地镇村

镇村志时间跨度长，反映镇村的历史进程漫长，根据“厚今明古”的原则，特别是在反映现当代历史成就的过程中，应很好地反映党中央决策部署在基层，特别是镇村贯彻落实的情况。

一是记载好农业农村发展巨变 中国改革从农村起步，农村改革从土地发端。实现全面建成小康社会目标，最繁重、最艰巨的任务在农村。如 1991 年党的十三届八中全会明确提出要继续稳定以家庭联产承包为主的责任制。2004 年党的十六届四中全会提出“工业反哺农业，城市支持农村”的方针。当年，中央发布的一号文件，提出以“取消农业税、工业反哺农业”为主要内容的农业新政，将“三农”工作作为全党工作的重中之重。2007 年党的十七大报告首次提出“走中国特色农业现代化道路”。2012 年中央一号文件是中华人民共和国成立以来中央文件首次对农业科技进行全面部署。党的十八大以来，以习近平同志为核心的党中央坚持把解决好“三农”问题作为全党工作重中之重，坚持农业农村优先发展，毫不放松抓好粮食生产，积极推进农业供给侧结构性改革，深入实施乡村振兴战略。农业经济持续稳定增长，主要农产品供应充裕，农业基础设施建设成就突出，农村面貌和人居环境显著改善，为促进经济社会健康发展发挥了“压舱石”作用。这些都是镇村志要记载的重要内容。

二是记述好新时代新成就 应突出中国共产党的领导，突出改革开放以来镇村经济、社会、文化发展历程，乡镇党委贯彻市委、县委重大决策部署的创新举措，推动乡镇跨越发展的重大史实，如乡镇企业、农业综合开发、新农村建设、社会主义精神文明建设、社会综合治理、基层民主建设等。

三是以党的第三个历史决议为指导 重视记述党的十八大以来镇村发展成果，应认真学习领会《中共中央关于党的百年奋斗重大成就和历史经验的决议》的要义。如：“党始终把解决好‘三农’问题作为全党工作重中之重，实施乡村振兴战略，加快推进农业农村现代化，坚持藏粮于地、藏粮于技，实行最严格的耕地保护制度，推动种业科技自立自强，种源自主可控，确保把中国人的饭碗牢牢端在自己手中”；“在幼有所育、学有所教、劳有所得、病有所医、老有所养、住有所居、弱有所扶上持续用力，加强和创新社会治理”；“党坚持精准扶贫，确立不愁吃、不愁穿和义务教育、基本医疗、住房安全有保障工作目标”；“在收入分配、就业、教育、社会保障、医疗卫生、住房保障等方面推出一系列重大举措，注重加强普惠性、基础性、兜底性民生建设，推进基本公共服务均等化”“改革开放以后，党日益重视生态环境保护。……必须坚持绿水青山就是金山银山的理念，坚持山水林田湖草沙一体化保护和系统治理，像保护眼睛一样保护生态环境，像对待生命一样对待生态环境，更加自觉地推进绿色发展、循环发展、低碳发展，坚持走生产发展、生活富裕、生态良好的文明发展道路”等。从这些论述中把准镇村志记述的重点和要点。

5. 体现时代特征

镇村的发展历程始终伴有不同时代的烙印，政治、经济、社会、文化、生态发展相互作用相互影响，构成镇村发展的瑰丽图景，因此篇目设置应有所体现。

一是反映产业发展历程中的时代特征 较之传统的种植业、林业、牧业、渔业、养殖业、园艺业、林地苗木、茶叶种植等，镇村发展还需要新增乡村振兴发展内容，如都市农业、休闲农业、家庭农场、生态农业、设施农业、高标准农田建设、农业产业链建设，反映庭院经济、农旅融合、乡村道路、“四好农村路”、道路黑色化、宜居村建设等镇村建设情况；工业章需要新增高新技术企业、规模以上工业企业等条目，如企业制度改革节下可设集体化、承包经营、股份合作制、公司制改造等条目，商贸服务业节应新增农贸市场、大中型商场、超市等条目，服务业节需要强化金融业、房地产业、旅游业等内容。

二是反映社会部类中的时代特征 如医疗健康章下“医疗制度改革”节下可设农村合作医疗、大病保险、公费医疗改革、医疗改革试点等条目；科技发展章下建议增设发明专利、行业科技等节或条目；文化章下建议强化非物质文化遗产、农家书屋等节或条目；镇村建设章下可增设老旧小区更新条目；社会事务章下需要增加幼托、老年公寓、健康养老示范街道建设、社区工作站等节或条目。

三是反映外向型经济发展轨迹 强化利用外资及中国港澳台资、贸易进出口记述，可延伸记载乡镇企业转型的历程，如从外贸经营型向独立经营型、转手经营型、合资经营型、加工经营型、工贸联营型蝶变的情况。

四是反映生态建设历程中的时代特征 如生态资源保护节下可设河流整治、废弃露天矿山治理、植树造林、土地复垦、污染防治、环境综合治理、生态监管等条目。

6. 突出地方特色

镇村志的篇目设置应突出地方特色，需要编纂者着重研究地情，根据镇村的自然特征、产业特色、文化特性、生态禀赋等补充基本篇目，以重要节点勾画镇村发展路径，同时准确把握行业发展的历史脉络。

一是准确把握镇村名片 通过阅览镇村的自然地理、历史沿革、山川河流、丰饶物产、名胜古迹、经济盛衰、文化演变、区域优势、产业特色、人文环境、文化特性、民风民俗、地域品牌等资料，找准镇村之灵魂，打造最响亮的名片，如千年古镇、长寿之乡、军事重镇、经济强镇、历史文化名镇、特色镇、重点镇等。选准最显著、最关键、最有说服力的标签，如宝应的荷藕经济，东台的蚕桑经济、西瓜之乡，滨海正红镇的柳编之乡等。

二是梳理独特改革成就 把握镇村改革开放以来最突出的产业优势，着眼经济强镇确立定位。如南京市溧水区白马镇、六合区竹镇镇、高淳区栖溪镇，淮安市淮阴区渔沟镇、涟水县高沟镇、金湖县黎城镇、盱眙县马坝镇等经济强镇。

三是突出反映乡土民情　增强社会调查资料、口述史资料、家谱资料的运用，丰富镇村文化。如中国现存最早的镇志《澉水志》分十五门：地理、山、水、廨舍、坊巷、坊场、军寨、亭堂、桥梁、学校、寺庙、古迹、物产、碑记、诗咏，其间透着浓郁的乡土气息。又如淳溪古镇的高淳老街，为“金陵第一古街”，分布着江苏省保存最完整的明清建筑群，被誉为“东方文明之缩影”“古建筑的艺术宝库”；徐州新沂市窑湾古镇是京杭大运河与骆马湖交汇处、三面环水的闻名全国的水乡古镇、千年古镇，素有“黄金水道金三角”和“苏北小上海”之称；江南水乡同里古镇留下无数文人墨客的风雅文章等。

第二节　篇目设置步骤

篇目设置首先应明确篇目层级编排原则，如以章、节、目格式为例，应结合设置原则，分步实施，修改提升，逐步完善，贯穿始终。

1. 拟定规划性基本篇目

章别大体按照自然、政治、经济、文化、社会、生态分类。自然地理类，包括地理位置、自然环境、气候、资源等；政治类，包括乡镇党委、政府等组织形式，乡镇的管理制度、管理手段、管理原则及基层民主法治建设等；经济类，包括第一产业、第二产业、第三产业；文化类，包括科技、教育、文化、卫生、体育等；社会类，包括就业和社会保障、人口家庭、妇女儿童事务、老龄事务、退役军人事务、殡葬管理、社区建设、社会组织管理、志愿服务、民族宗教事务、风俗民情、方言等；生态类，包括生态状况、水资源、土地资源、森林资源、湿地资源保护以及生态环境治理等。

规划性基本篇目注重研究记述对象，把握时代、社会、地域特征。这是一个预见性的篇目，因在资料征集之前，有一定主观性，难免存在不符合客观情况的设置，但这是必不可少的过程。规划性篇目一般包括卷首图版、序、凡例、概述、大事记，建置区划、自然地理、人口民族、特色章节、镇村建设与管理、中共地方组织、地方人民代表大会、地方人民政府、政协联络小组、群众团体、法治、军事、经济综合管理、交通邮政、能源信息化、水利、农业、工业建筑业、商贸服务业、外向型经济、教育科技、文化旅游、医疗健康体育、社会事务、就业和社会保障、社会生活、地物风情、生态环境保护、人物等章，索引、编后记。各章统一设置章下序，节下根据情况设置节下无题序。

2. 拟订分工篇目

编纂人员按照任务分解，独立分析研究章、节、目的设置。

3. 拟订征集资料篇目

与分工篇目进行比较分析，根据匹配度，适当调整。

4. 拟订试写篇目

试写篇目应尽可能具体丰满，为分纂篇目提供参考借鉴。

5. 拟订分纂篇目

注重分析归纳，精耕细作，适当拆分、归并或删除。

6. 拟订总纂篇目

主要是在统稿统筹过程中，处理交叉，增强整体性。

7. 形成定稿篇目

根据内容调整，完善修改，最终确定。

安徽安庆 山坡茶园

江苏宜兴 又吐芬芳

第三节　章节优化设置路径

1. 突出地域的独特性

一部镇村志区别于他志的显著特征就在于其地域独特性，即“人无我有、人有我优、人优我特”。一方面重视特色章节的设置。主要根据镇村特色品牌选择性设置，如历史文化名镇名村，或如《同里镇志》的“退思园”目、《富安镇志》的“中国茧都”章等；突出地方经济发展特色和产业布局，突出主导和优势产业等。另一方面挖掘地域标签。如孟河古镇是齐梁故里、孟河医派的发源地，是中国历史文化名镇，孟河医派创造了“吴中名医甲天下，孟河名医冠吴中”的医盛时期，这是孟河之“优”“特”。溱潼古镇是湿地古镇、中国首批特色小镇。新沂市新店镇南临中国七大淡水湖之一的骆马湖，北靠马陵山风景名胜区，地理位置和生态资源独特，有新店之“特”。《东山镇志》记载东山的旧街小巷、古村老宅，透着历史的气息，留存名人的诗咏，其篇目设“太湖湖岛”“望族”，下设“耕读传家”和“洞庭商帮”等，颇具辨识度。《周庄镇志》专设“古镇保护模式”，深度阐述6个保护特点。再如《光福镇志》抓住“中国雕刻之乡”特色，《富安镇志》凸显“中国茧都”名片，《盛泽镇志》设“丝绸工业”“丝绸贸易”等特色卷章，《宝华镇志》设置特色章“宝华山国家森林公园”彰显地理特征，这些篇目设置将一镇放之四海脱颖而出，设置理念值得推荐。

2. 把握增删取舍标准

在镇村志编纂过程中，编纂人员会不断调整篇目，这种增删取舍的过程就是优化提升的过程。一是着眼镇情村情，吸收市县志体例完备的优长。二是吸收名镇名村志突出“名”“特”的体例优长，繁简有度。如重点镇、历史文化名镇、特色镇、特色街区、特色田园乡村等，其中的特色镇如园林小镇、森林小镇、风情小镇，入选国家、省镇村创建品牌的镇等。三是吸收年鉴篇目优长，与时俱进增删。如借鉴年鉴科学规范的分类，对服务业的界定与规范；强化生态建设，丰富第三产业；优化社会事务，突出基层治理；集中反映业态，凸显乡村振兴；体悟草木含情，留住乡愁记忆。再如细分设置乡村道路、古桥老井、乡间河网、古树名木等目,或增设特色乡村品牌建设节,下设特色乡村、美丽乡村,“一村一品”等目。四是依据镇（街道）、村（社区）三定方案，舍弃非重点职能工作，聚焦主业加以设置。五是横排门类时尽可能避免交叉重复。

3. 增设和强化章节

除了对具有鲜明地域标识、地方名片特别响亮的镇村，根据特色品牌增设特色章节外，镇村志其他章节的设置也需要不断优化、完善和提升，体现整个篇目设置的匠心，使得志书的丰富内涵和记述深度，能够通过浏览篇目有所体现。如部分镇村可酌情增设外向型经济章，自然地理章增设“镇名溯源”节，行政区划节下设目“消失的自然村落”。较之于传统的志书篇目，镇村建设与管理、生态建设、社会事务、就业和社会保障等章节的设置更贴近时代脉搏。农业章“农业经营管理”节下设“农业规模化经营”目，其下可设家庭农场、农业龙头企业、农副产品基地等子目；工业建筑业章下设“特色产业”节，下设特色产业种类、规模、比重、产业特点、效益等目；服务业章下增设“生活服务业”“商务服务业”“服务业集聚区”节；医疗健康章下“疾病防控”节下增设“重大疫情防控”目等。水利建设始终是不同历史时期农业农村工作的重中之重，应设节记述涉及镇村的重大水利工程。就江苏而言，一些重大水利工程不应忽视，而且最珍贵的史料和具体实践往往在镇村，如苏北灌溉总渠工程、跨区域引水工程、南水北调工程、引江济太工程、淮河入海工程、淮河入江工程、围海造田工程、洪泽湖大堤工程、环太湖大堤工程、通榆河圩堤工程、长江干流堤防达标、海堤达标工程等。

4. 增强章节设置的系统性、专业性

镇村志的章是独立的个体，其下的节和目的设置应该自成体系，体现内在逻辑和清晰的脉络，是一个个小的“独立王国”，设置方面避免杂乱无章。如生态环境保护章，下设“水资源保护”“土地资源保护”“森林资源保护”“湿地资源保护”“生物资源保护”“污染防治”等节，能够看出系统性和完整性。其中的“水资源保护”节设水源地保护、地下水保护、农村河道生态治理、河长制湖长制、近湖生态治理、退圩还湖等目，内在逻辑一目了然。“土地资源保护”节下设耕地保护、盐碱化防治、秸秆还田、滩涂保护等目。“森林资源保护”节下设主要林场、林业防害、退耕还林、林业执法、植树造林等目。“湿地资源保护”节下设海滨湿地保护、湖荡湿地保护、滨河湿地保护、湿地公园等目。又如“水产养殖”节下设河道养殖、围栏养殖、稻田养殖、滩涂养殖、特种水产、养殖基地、水产园区等目。再如“伍佑场记”（伍佑场为盐城海盐产场）章下设盐场演变、盐业生产、煎盐、晒盐、海盐运销、盐务监管等节。这些都能较好地体现镇村志系统性特征。

5. 升格或前置章节

镇村志篇目中的部分章下的节，可根据内容需要或资料掌握情况在层次上做适当的“前置”“升”“降”。“特色章”可前置或升格处理。如农业章中有特色作物经济或特色农业体制变革，宝应的“荷藕经济”升格设章；海洋渔业、蚕桑业等特色农业，可酌情升格设节。江苏的“农业特色小镇”是江苏的品牌，如盐城市龙冈镇桃园休闲小镇、便仓镇牡丹小镇、新丰镇荷兰风情小镇、草庙镇麋鹿风情小镇、滨海港经济区何首乌小镇、洋马镇菊花小镇、九龙口镇荷藕小镇、富安镇茧丝绸小镇等，这些镇可视情况升为节。连云港市东海县的安峰、房山、驼峰乡、牛山、洪庄、东海农场等乡镇，是东海水晶主产集中区，镇江润扬玉石小镇是江苏首个珠宝特色小镇等，可设特色贸易节记述这些内容。

6. 合并或拆分章节

在镇村志编纂过程中，经常会根据需要对篇目进行“拆”“并”“合”。民政是政府的一个重要部门，很多镇志以“民政”设篇或章。而事实上，民政的基层政权建设，可归入自然地理部类建置区划章节，而优抚安置、赈灾救济、社会福利、殡葬改革、婚姻登记，则应归入社会部类。如此，可撤销“民政”篇或章。随着国家对社会治理体系建设的不断加强，内涵的不断丰富，民政远远超出了传统意义上的范畴，因此志学界设了又撤，撤了又设，争论不断，这体现了篇目设置上传统观念与现代体制机制发展、社会职能变化之间的碰撞与矛盾。镇志需要还原历史，还要反映发展脉络，敢于打破部门框限。

7. 与时俱进优化章节

就业是最大的民生。党的十八大报告高度关注就业问题，提出要“推动实现更高质量的就业”。党的十九大报告提到农村劳动力转移就业，提出促进农民工多渠道就业创业。党的二十大报告中有19处提到“就业”。因此，在镇村志中应客观反映就业情况，可将“劳动就业”节升格设为就业和社会保障章。其下设的“就业创业”节可设用工制度、就业安置、劳动工资、就业培训、自主创业等目。以往，镇村志常设人口与计划生育章，下设“计生措施”节或目。随着时代的发展，关于2011年出台的双独子女放开二孩政策、2016年出台的全面二孩政策等在当地的落实情况，应在镇村志中加以反映。早年的镇村志的旅游业内容比较单薄，或归入文化部类，随着乡村振兴和旅游业的蓬勃发展，镇村志中旅游业的记述日益丰富，可根据时代步伐，单独设置并优化设置旅游业章，设“旅游品牌建设”节记述全国农业旅游示范区、星级乡村旅游区、旅游风景区、旅游度假区等内容；设“旅游节庆”节，设目记述旅游文化节、特色旅游节等内容，如秦淮灯会、莳山寺荷花节、大洋湾樱花节、太湖蟹文化节等。又如设“商务服务业”节，设目记述广告、会计、公证、律师、人力资源服务、融资担保、典当、拍卖等内容。设“服务业集聚区”节，设目记述商贸街店、连锁超市、专卖店、集镇中心商贸区等内容。

第四节　篇目标题制作要领

方志学家李泰棻在《方志学》一书中说：“纂志之道固多，而门类标题则为首要。”篇目的标题，是篇目及资料内涵赋予它的特定名称，应选择恰当的词语组成标题，正确地表达概念。标题制作通常应把握几个原则：一是规范性。多用名词，如“港口码头”“轮渡船闸”，不用形容词、定语和状语。职能工作可用主谓结构，如“公路营运”“水政监察”“滩涂养殖”“食盐专营”“烟草专卖”。二是忌复合。如“财税金融保险”“文化广播电视”“民政公安司法综合治理”，复合篇名太长，可将公安、司法、综合治理合并为“法治”。三是忌重名。章、节、目的标题，是领属关系，避免机械重复设置，避免出现父子同名。某镇志“居民生活”章下设“教育卫生文化体育”节，镇村建设章“基础设施”节下也有“体育卫生文化教育”，应统一归入社会部类。四是言简意赅和惜墨如金。标题戒绝“大、虚、空”，力求凝练、浓缩、简洁、明了。

总之，篇目调整优化贯穿志书编纂。篇目设置的修改与志稿撰写是相互促进、相互丰富的过程，只有到志书签字付印时，篇目才可算是最后确定下来。一旦形成较稳定的篇目，尽量不作伤筋动骨的大调整。

江苏南京 山间乡村

4

第四章

志书资料搜集与整理

《地方志工作条例》明确规定地方志书为资料性文献。所以说志书的资料性是根本性的，只有志书的资料丰富翔实、真实准确、全面系统、特色鲜明，其思想性、科学性才有坚实基础。古今方志学家和修志实践者都十分重视资料搜集整理工作，胡乔木谈及地方志工作时指出，地方志是严肃的、科学的资料书；地方志的价值，在于它提供科学的资料。众多实践证明，志书的编纂过程，实际上是资料的搜集、整理、分析、考证、取舍、科学运用和补充、调整的过程。因而，志书质量优劣很大程度上取决于能否对资料进行深入挖掘和科学运用。扎实的资料工作是编修志书的基础，决定着志书的质量，本章重点解读志书资料搜集范围、种类、搜集原则、搜集要求、搜集方法和志书资料的考证、整理。

第一节　志书资料搜集范围

1. 地域范围

即志书的主体资料为所修志书下限年份该行政区域的范围，应基本做到不搜集该行政区域以外的资料。但人物传略、简介中涉及乡贤的，则应注意搜集该乡贤所在地形成的相关资料。另外，随着时代的进步和改革开放的深入，有部分镇村志设立“域外经济”章节或专题，可以适当搜集与本区域内经济发展紧密关联的相关资料。

2. 时间范围

即志书凡例中规定的上下限时间范围。创修志书上限时间不作限定，应追溯到事物之发端。续修志书上限一般应接续前部志书的下限，对于部分专题前志未记述，为保持事物的完整性，可适当上溯。志书下限时间由编纂者视情设定，一般为志书编修的启动之年，或为启动年前后一二年之内。志书下限一经确定，所搜集资料的时间下限都不应突破，大事记和图片资料下限可适当下延。

3. 专业范围

志书资料主要依据志书章节目标题的专业含义来搜集，要打破部门和行业的界限，以专业整体性来统一搜集。在拟定搜集方案或资料搜集提纲时，应按专业整体性原则统一拟制。

第二节　志书资料种类

1. 档案资料

档案资料是指修志地域范围内实体单位或个人在社会实践活动中直接形成的、具有保存价值的各类原始记录，经规范整理归档而形成，是历史的真凭实据，具有法律效力，是志书编修常用且最重要的资料。就目前镇村档案而言，历经几十年的努力，日趋丰富而完整，基本能够完整地记录其全部职能工作和活动，能够说明事情的来龙去脉，是编修志书的主要依据，是镇村志资料的主要来源。档案中最具价值的是工作总结、工作报告、统计年报、年度考核材料、各种会议材料、会议记录、人事变动材料、专题工作汇报材料以及各种专题汇编等。

2. 图书资料

图书资料是指与乡镇（街道）、村（社区）有关联的各类志书、年鉴、家谱、族谱、地情丛书及资料性工具书（如辞典）等。对于某一乡镇（街道）、村（社区）志而言，除搜集或查阅本乡镇（街道）、村（社区）的图书，还应搜集或查阅涉及该乡镇（街道）、村（社区）上隶机构和下辖单位或个人以及周边乡镇（街道）、村（社区）等图书。

3. 报刊资料

报刊资料主要是指与乡镇（街道）、村（社区）有关的各类报纸杂志的报道文章，这些文章经考订后作为志书资料，还可以把这些报道作为搜集所需相关资料的线索。

4. 口述资料

通过对知情人的走访、调查、座谈等所获得的各类“活”资料，常被称为口述资料，主要有：镇（村）历史、民间传说、民间文艺、奇闻轶事、历史文化遗产、民歌民谣、风俗民情、能工巧匠、传统技艺、生产生活记事、“两战”（抗日战争、解放战争）纪事、兵灾匪患等。它们是对档案资料的重要补充，是志书编修不可或缺的资料，尤其是村级志书编修，档案资料缺乏，其资料来源50%以上靠口述资料。如宝应县广洋湖镇《兰亭村志》共设置18篇，其中“姓氏宗族”“富饶的兰亭荡”“千年古刹兰亭寺”“村落文化”“孝道文化”“教育兴村”“风土人情”“人物”等8篇基本为走访调查的口述资料，其余各篇也有30%—50%为走访调查的口述资料。获取这些口述资料是一件非常辛苦的工作，要求资料搜集者做到“腿勤、手勤、口勤”，走村入户到第一线开展田野调查。

5. 实物资料

实物资料包括各种历史古迹遗存、纪念物、文物、金石碑刻、票据、凭证、证书等，除以影像和文字介绍等直接入志外，还可以此为线索获取相关资料。

6. 音像资料

音像资料包括各类照片、录音、录像、视频等。一是志稿正文插入照片，应选用与文字内容相对应的同期照片；二是志首彩页照片，选用各时期（可延伸至志书出版前）各类代表性照片；三是可制作专题视频，设置二维码以配合文字入志；四是各种手绘类图片，如宝应县安宜镇郭庄村在修村志时，发动村民提供线索，手工绘制20世纪50年代、2000年和拆迁前3个时期自然村庄分布图，尤其是拆迁前的图把每户都分别标明，既深受全体村民的欢迎，又极具史料价值。

7. 网络资料

随着时代的发展，乡镇（街道）、村（社区）及所属各企、事业单位相继建立各类网站、网页、政务信息等多种新媒体平台，也可提供相关资料及线索。

第三节　志书资料搜集原则

1. 求真宜严

志书编纂的基本原则之一是坚持辩证唯物主义和历史唯物主义立场、观点和方法，真实、客观、公正、准确地记述历史和现状。在资料搜集中，更应严格遵守这一原则，坚持求真务实，在查阅档案等历史资料中，严格做到照实抄录、摘录或复制历史原件，并按志书篇目设置要求去搜集，不得带有个人偏好地人为取舍或添加；而对于口述资料则应照实记录，有条件应进行现场录音，采集者不可带观点或主观意向去修改、添加或作技术性虚构任何内容。因此，资料搜集必须从实际出发，实事求是地搜集反映事物本质、全貌并符合客观发展规律的资料，确保入志资料翔实、真实，经得起历史检验。

2. 搜集宜广

就是资料搜集面要广、要多，多多益善，做到广征博采、有闻必录、巨细皆收。在拟制资料搜集清单时，应尽量考虑细而全。在搜集时，与之相关、相近或相类同的资料都要搜集，不怕重复、不能怕多，在内容把握上要全面系统，在时限把握上要纵不断线。根据以往修志经验，志书资料与志稿成稿字数之比一般为 10 ∶ 1，有的甚至更高。

3. 挖掘宜深

在资料搜集中，要认真调研，把涉及本志方方面面、细枝末节的资料尽量搜集齐全，把能搜集到资料的地方都要跑到，做到“掘地三尺，一网打尽”。另外，在做到广征博采的同时，应根据志稿写作的实际需要，深层次把握志书篇目标题的内涵，下功夫挖掘节点性的典型资料，以切实增强志稿写作深度、史料价值和可读性。

4. 登记宜细

在资料搜集的同时，对已搜集的资料应进行认真梳理，对每一份资料造册登记。即按照篇、章、节、目进行归类，以独立篇或章归为大类并登记形成资料目录，如一份资料涉及多个章节时，则可分别归类登记。另外，还应定期检查相应“写作单元”拥有资料的分量，如发现资料分量不足，需及时开展资料补充搜集工作。

5. 管理宜严

在资料搜集工作中，应建立一套严格的管理制度，对搜集来的资料要及时审核、分类登记造册、分类存放，设专人保管，调用资料必须履行登记手续，并及时归还，以防散失，方便使用。

6. 考证宜详

对搜集来的资料，要以科学的态度进行多方考证，确保资料真实可靠。

7. 采用宜慎

入志资料的运用应慎之又慎，必须经过严格考证，经考证不合格的资料坚决不能使用，不能说明问题的资料或无时间节点的资料不用，以保证资料的使用价值和准确性。

第四节 志书资料搜集要求

1. 全面性

全面性即要求搜集的资料能反映各层次、各类事物的基本面貌，做到每一类事物要项不缺、每一条资料要素不缺。所谓要项不缺，就是构成某一方面内容的诸元素必须齐全，如“商贸服务业”中的“商品流通”，应包括生产资料购销、生活资料购销、农副产品购销、粮油购销、专营商品购销和医药经营等。如《曹甸镇志》“中国文体教玩具生产基地”部分中，“产业发展”“产品开发销售”“工业园区”“文体教玩具文化节”“产业效应”“重点企业”等是构成这一主体内容不可或缺的要项。所谓要素不缺，即指记述某一件事，其时间、地点、背景、人物、过程、结果等以及与之相关联的各类数据必须齐全。如“中国文体教玩具生产基地——产业发展”中，起点1984年周管村创办织带厂和下限2016年产业概况中，涉及其面貌的要素（时间、地点、产品、产业规模、产值、市场地位等）基本齐全。

> 1984年（起点），周管村利用村部旁旧厂房创办周管织带厂，开始生产排球网、羽毛球网等绳网体育用品，有工人12人，当年实现产值20万元。2016年（下限年），全镇有生产各类文体教玩具企业356家，其中年产值5000万元以上规模企业26家；有电商企业256家；产业工人1.36万人，实现年产值53亿元、利润3.02亿元、税收1.78亿元，成为全镇工业经济两大支柱产业之一，占国内市场份额近40%。

搜集资料除要项、要素齐全外，还应注意做到既反映成绩也记述失误，既反映经验也记述教训，既反映先进也记述落后，既反映优势也记述劣势，既反映优点也记述缺点，既记事也记人，也就是要全面反映某一事物、事件的情况，尽量避免片面性。当然我们也必须把握事物发展主流，前者仍然是我们重点搜集的主体资料。

2. 系统性

志书记述的事物在时空上都处于一个动态发展变化的过程，有其内在发展规律。因此，我们应搜集能体现事物发生、发展、兴衰起伏和清晰勾勒主体过程脉络的系统性、连续性资料，做到“纵不断主线”。只有掌握系统性的资料，才能构建事物的完整性，才能展示事物的全貌。这种系统的连续性资料，可以用来反映一个地区的地情总体发展阶段，行业、事业的发展阶段，事物、事件的发展阶段。这种阶段是用具有标志性的、带有时间节点的资料来体现和暗分的，构成一个系统的、连贯的、具有兴衰起伏变化特征的有机整体，而不是由明确的时间性间隔来体现其阶段。

仍以《曹甸镇志》“中国文体教玩具生产基地——产业发展”为例，自该产业1984年创办起，编纂者搜集并选用了1985年至2016年共14个节点时间资料，从时间节点间隔看，为1年到4年不等，基本符合志书写作要求。从各时间节点资料分量看，有的年份只有近30个字，有的年份如2010年却有300余字，这是由产业发展不同阶段实际工作决定的，也就是产业发展的高峰期开展的工作多，所产生的数据量也相对较多，不搞平均主义。当然，这种情况不能过多，应尽量避免个别年份资料集中扎堆的现象。从1984年创业至2016年资料实体内容看，该产业大致经历如下3个阶段：1984年至1995年为产业自主发展的初级阶段；1996年起，企业改制后进入较快发展阶段；2008年起，镇党委、政府加大力度多措施扶持、整体推进产业发展，使该产业进入高质量、高速发展阶段。由此可见，其资料内容既系统又丰富翔实，既有实体事例又有数据，既展现全貌又具有典型性，较好地展示了文体教玩具产业发展的主体过程，使得所写志稿丰满而生动可读。另外，第三阶段资料内容揭示该产业之所以能高质量、高速发展，除市场经济规律外，主要得益于政府转变职能，创新思维，全方位服务、多举措扶持企业发展，像这类成功的经验类资料是应重点搜集的，具有较强的存史和资政价值。

3. 准确性

资料的准确性是志书的基础和生命，如果资料有偏差或错误，是绝无可能编修出高质量志书的。资料的准确性应体现在两个方面：一是志书编修者应以高度责任感、求真存实的态度去把握资料采集的全过程，即人工摘录档案、书刊等文献资料时，照实摘录原文后应仔细校对，并在摘录稿上注明原始资料的相关信息，以便日后备查，如档案资料应注明档案馆（室）名、全宗号、目录号、案卷号和所在页码等；采集口述资料时应事前做足准备，找准调查走访对象，拟订详细调查提纲，座谈或走访时按提纲仔细提问，详细照实记录，不得带观点取舍或误导，还可以采用一事多访的方法以便对比考证。二是对需要入志的资料查得清清楚楚，准确把握事物发生、发展变化的过程和结果，时间、地点、人物、数据等必须清晰准确，尤其是数据要反复核查，并透过现象看本质，搜集符合事物发展规律的真实而准确的资料，以体现所修志书的价值。

4. 时代性

志书编修应紧跟时代步伐，去把握时代发展的特点特色，用时代发展的观点、视野去观察资料、搜集资料、处理资料。一是以党的指导思想和党的若干历史问题决议为准则，用历史唯物主义和辩证唯物主义的观点，以秉笔直书的原则分析处理各历史阶段的资料，以体现各历史阶段的时代性；二是要用新时代的精神去统领资料，注重搜集 1978 年改革开放以来尤其是党的十八大以来体现新时期特点特色的资料，如各行各业改革的过程及成果、各行各业新技术研究推广的过程及成果、新型社会服务业等新经济业态、经济社会建设的新成果等方面的资料。

在资料搜集要求中，要体现全面性、系统性、准确性、时代性、地方性、典型性、专业性等，其中全面性、系统性、准确性、时代性为资料搜集的最基本要求，真正做到这四点，就基本把握了志书资料的特性。就修志实践而言，这四者之间相互关联，且相辅相成，真实准确并具有时代特色的资料是编纂一部高质量志书的基础，而全面、系统则为资料搜集第一要务，没有丰富翔实的资料就无从下笔。因此，资料搜集者应高度重视资料的全面性和系统性，并在这两方面下足功夫，做足文章。要做到资料搜集的全面、系统，应重点搜集好以下三方面的资料：

一是概括性资料 即概括修志断限内事物本质的整体发展、兴衰起伏（发展阶段、发展脉络、发展主线）的资料。这些资料由体现各个阶段起点、转折点、终点的标志性资料以及定性、定量（数据）概括本阶段总量成果、发展规律特征、性质的资料所组成。这是体现“线”的资料，是志书专志部分的主体资料。

二是综合性资料 即综合反映某一年限基本现状的若干重要方面情况的资料，以反映该年事物（事件）的全貌，这是表现“面”的资料。起始年和下限年的综合性资料是必须搜集的。还可视情况选择过程中若干个节点年进行横向展开，以获取面的资料，如《泾河镇志》“组织工作——党员队伍建设”即详细记述了1989年党员情况，“1989年，泾河、黄浦有党员1775人。其中35岁以下298人，占总数的16.79%；高中以上学历58人，占3.27%；女性党员157人，占总数的8.85%。是年，泾河、黄浦乡发展党员13人。”对于一些时间节点性资料不足的条目，为防止志稿记述时间跨度过大，可以利用年度统计数据来构成志稿时间上的连续性。

三是典型性资料　即最具有代表性、典型性或显示特点特征的事物和人物资料。这种“点”的资料是体现志书特点特色、增强可读性所必需的。这种“点”的资料应重点搜集时间节点性资料，即搜集事物在兴衰起伏发展变化过程中带有时间拐点性质的资料。

以上三种资料是志书专志部分构成事物发生发展和兴衰起伏变化的全过程资料，它是由点、线、面的资料优化组合而成，反映出事物的发展全貌和内在联系，便于彰明因果、体现特点特色。另外，除文字资料外，还有图表资料、音视频资料等，这些应统筹一并考虑。

第五节　志书资料搜集方法

1. 组织到位、建立网络

对于镇村志编修而言，在资料搜集开始之初必先建立健全组织网络，即以镇村志编纂委员会为基础，明确各内设机构、企事业单位、驻乡镇（街道）单位、各村（社区）主要负责人为资料搜集第一责任人，同时明确一名资料搜集员，印发资料搜集相关文件及资料搜集清单，并对资料搜集员作专题业务培训。

2. 明确分工、责任到人

镇村志主编（主笔）要制定资料搜集实施方案，召开编辑部全体成员会议，将已制定的篇目按篇（章）分工到人，明确职责，确定搜集时间和资料质量要求，并组织全体责任编辑对篇目进行反复研讨，做到真正理解每章每节每个条目标题的含义，明确每个条目所涉及资料涵盖的范围、标准、要求，以及这些资料到什么地方去搜集、如何搜集等，提高资料搜集的效率和质量。

3. 制订清单、按图索骥

资料搜集清单是依据志书篇目而制订的，该清单是对志书篇目的进一步细化，是资料搜集最基础也必须做的一项工作。在拟制清单时，依据各章、节、目标题的内涵，制定出详细而实用的资料搜集清单，与资料提供单位进行对接，让他们按清单提供资料。

附：宝应县某镇志资料搜集清单

人口章（下限至2016年）

一、去县统计局查阅：

1. 自1953年第一次人口普查至2010年第六次人口普查资料，列表汇总历次人口普查本镇总户数、总人口、男女和各年龄段、学历、职业等人数，主要依据各次人口普查项目确定。

2. 县历年统计年鉴（前期为统计资料），列表汇总本镇历年总户数、总人口、男女人数以及民族、出生、死亡、迁进、迁出、各年龄段、学历段、职业等相关数据。

二、去县档案馆查阅：

1. 本镇移交给县档案馆保存的档案，摘抄或复印本镇历年有关人口统计报表、计划生育、晚婚晚育、优生优育、人口计划管理以及有关创建工作等方面的资料。

2. 县计划生育委员会移交给县档案馆保管的档案，摘抄或复印涉及本镇有关人口控制方面的资料。

3. 县委、县政府在县档案馆保存的档案，摘抄或复印有关涉及本镇人口控制方面的资料。

4. 县统计局移交给县档案馆保管的档案，补充查阅有关人口普查、统计资料、统计年鉴等，如在统计局已全部获取，可省。

三、去县民政局查阅有关本镇婚姻登记方面的资料（有部分在县档案馆）。

四、镇派出所提供自有登记台账以来历年下列数据：总户数、总人口、男女、出生、死亡、迁进、迁出、暂住人口、民族、姓氏等，应列表汇总。

五、镇统计办公室提供有关人口统计上报方面的统计资料。

六、镇计划生育办公室（站）提供（结合镇档案室查阅）：

1. 历年有关本镇党委、政府印发的人口和计划生育方面的通知、意见、决定等文件。

2. 历年本镇有关人口和计划生育工作方面的统计报表、工作总结、计划、专题汇报、调查研究等方面的资料。

3. 历年本镇有关计划生育各种会议资料。

4. 历年本镇有关计划生育工作宣传、培训方面的资料。

5. 历年本镇有关宣传推进晚婚晚育方面的资料。

6. 历年本镇有关推行优生优育方面的各种措施和服务，如：对育龄妇女的健康检查、相关疾病普查治疗及监控、对孕妇产前产后检查及跟踪服务、对婴幼儿保健及跟踪服务等。

7. 历年本镇有关控制一胎、照顾二胎（含审批）、惠民政策实施方面的资料。

8. 历年本镇有关落实计划生育措施、做好相关服务等方面的资料。

9. 历年本镇有关人口计划管理方面的资料。

10. 历年本镇有关计划生育目标管理方面的资料。

11. 历年本镇有关流动人口计划生育管理工作情况的资料。

12. 历年本镇有关计划生育镇、村创建工作情况的资料。

13. 历年本镇有关计划生育社会抚养费（计划外生育费）收取及管理情况的资料。

七、各村、社区提供:

1.历年有关计划生育宣传工作开展情况(横幅、戗牌、橱窗、宣传车、文化专场、文艺演出等)及参加相关培训方面的资料。

2.历年有关晚婚晚育情况的资料。

3.历年有关优生优育工作开展情况的资料。

4.历年有关计划生育服务工作开展情况的资料。

5.历年有关计划生育措施落实情况的资料。

6.历年有关计划生育政策贯彻落实、执行情况的资料(含控制一胎、照顾二胎、惠民政策等)。

7.历年有关计划生育社会抚养费(计划外生育费)收取、使用情况的资料。

8.历年有关计划生育红旗村、先进村、合格村等创建工作情况的资料。

9.历年有关流动人口计划生育管理工作情况的资料。

10.历年有关少数民族人口变化情况的资料。

11.2016年全村各组全部人口姓氏统计情况表。

12.有关人口和计划生育方面调查走访及其他资料。

八、查阅镇档案室有关人口及人口控制方面的资料。

4. 发动群众、开门修志

志书编修应坚持“开门修志”，放手发动群众，采取多种方法广泛宣传志书资料搜集的范围，还可通过网站、微信公众号等新媒体平台发布资料征集布告，让社会各界了解志书编修工作，关心支持修志工作，鼓励群众积极提供各类宗（家）谱、手稿、笔记、日记、旧报刊、照片等与本志相关的各类实物资料以及相关的口述资料等。尤其村级志书因档案缺乏，主要依据走访调查的口述资料，更需要发动全体村民共同参

江西婺源 秋日村庄

安徽黄山 宏村风光

与修志，真正做到“众手成志”。

5. 坚持“五先”、做好“五后”

先内后外 以镇志编修为例，根据资料搜集清单对镇档案室档案和保存在县档案馆的本镇档案先行查阅，并搜集本镇责任科室或个人保存的有关资料，摸清家底，了解已有哪些资料，有多少资料可以使用，尚缺哪些资料，针对所缺少的资料再逐级向外、向上级有关部门、单位延伸，及时组织外出调查，有目的、有计划地搜集资料，以防盲目性。

先近后远 以就近为原则，先在本乡镇（街道）、村（社区）范围内搜集资料，在已掌握现有资料基础上，再扩大到外地，由近及远，逐步扩大搜集范围，避免舍近求远，更不要贪远舍近。

先急后缓 根据资料搜集清单提示，要将只有通过走访调查知情人才能获得的口述资料置于优先搜集的地位。如风俗民情、非物质文化遗产、民间文艺、地情民情以及抗日战争、解放战争、土地改革甚至是互助合作方面的资料，基本要靠走访调查，而这些知情人大多年事已高，应带有抢救性地通过座谈、采访等方式把这些资料搜集到位，以免留下遗憾。

先易后难 先搜集容易得到的资料，再考虑搜集难点资料。如宝应县在推进镇志编修中，“商贸服务业”章中有关商业网点及营业额资料，因体制改革后统计口径变化等原因出现统计资料不完整，而这些资料又不可或缺。经与各镇志办多次分析研究后，要求在完成该章基本资料搜集后，再组织人员到本镇各村（社区）实地调查相关资料，最终取得理想结果。

先面后点 根据全志章、节、目配置要求先搜集基本资料，在全面掌握面上资料的基础上，再由面到点，步步深入。根据志稿写作要求和现有资料线索，就其中重要事件、重点人物、关键问题进行深入查找，逐步挖掘典型性资料。如镇志“家禽养殖”中“鸡”条目，可先行搜集有史以来养鸡的基本情况和有统计资料以来的相关数据，再根据相关线索查找新品种引进、更新换代、养鸡大户、专业户、养殖场以及品牌创建等方面资料。

第六节　志书资料考证

资料搜集到手后，不是所有资料都可以入志的，由于多种原因难免有虚假资料或不准确资料。为了使入志资料不伪、不假、不偏、不漏，必须认真细致地鉴别考证资料，确保入志资料的准确性。因此，鉴别考证是资料搜集者的重要职责之一。

1. 资料考证方法

考证资料有多种方法，本书只选择几种常用的方法进行介绍：

书证　即将同一问题的不同文献资料或不同时期的记载进行相互对照比较，以求得准确的或接近准确的结论，这种书证常用于历史文献的考证。

人证　一是用口述资料来补充和验证文献资料。在文献资料间出现矛盾又难以作出准确判断时，就需要资料搜集者调查口述资料来加以补充和调整；二是一些口述资料有矛盾时，应以多人口述资料为基础；三是有当事人或亲历者，应以当事人或亲历者的口述资料为准。

物证　即以实物资料来验证文献资料，要求修志者深入现场，进行实地考察，搜集物证，用来验证有争议、有疑问的文献资料。

理证　对有些较复杂的资料，无法通过上述方法判断其真伪，则应以编者的学识，并聘请相关领域专家学者、亲身经历者、行业权威等进行逻辑推理分析，判断其真伪。但在实践中切忌盲目武断和轻率行事，应十分谨慎地获取最为接近的事实或数据。另外，对于有明显不确定性或异常性（突然异常增大或变小）的数据类资料，也可依据该事物发展规律进行推理、考证、修改，但应慎之又慎。

以上几种考证方法既可单一使用，也可多法合用，如一些口述资料相互矛盾时，在使用人证的同时应辅以理证、书证等。

2. 实体资料考证

档案资料考证　档案资料是一个单位在实际工作中形成并经规范整理归档的第一手资料，基本上是可信的。但也不能认为档案资料就可直接入志，也需要经过考证，这是因为档案资料在形成过程中，同样受到各种主客观因素的影响。如某镇志终审稿记述在“大跃进”期间，某地区副专员在该镇蹲点试验水稻亩产九千多斤高产田获得成功，从字面看是作为成就来写的，尽管这确实在档案中有记载，还有获奖证书等，但违背事物发展的客观规律，应是当时浮夸风的时代产物，这类资料不能不经考证就随意入志，若留存后世将产生不良后果。因此，对于档案资料要认真分析其形成的时间和背景，依据党的若干历史问题决议，坚持辩证唯物主义和历史唯物主义观点，采用“理证”“物证”等方法，把违背事物发展客观规律或有水分的档案资料摈除，以确保志书的真实性、准确性。

数据资料考证　数据资料是构成志书实体内容不可或缺的资料，但在资料形成和采集过程中因多重因素的影响可能会造成数据失真，这就必须对数据资料进行鉴别考证。一是采用对比鉴别法，即对采集来的数据资料进行纵向和横向比较。纵向比较，即对某一类多年统计数据进行纵向分析对比，看其是否符合该事物的运行发展规律，如有异常数据应予以求证修改；横向比较，则是对从多部门采集获得的同一类数据进行比较，看其是否有差异，如有差异同样需要求证修改。如在《宝应县志

（1990—2005）》编修中，从国土、水利、农业、统计部门采集的全县耕地面积互有差异，县志办即召开部门联席会议，听取各自获得这一数据的相关信息，经讨论比较后一致认为国土部门的耕地面积基本可靠。二是技术考证，即利用计算、统计等手法对相互关联的数据进行鉴别考证，如水稻种植面积、亩产量、总产量等。三是逻辑推理考证，主要根据事物运行发展的客观规律来看其产生的数据是否合理，这往往要借助行业专家、有经验的从业者共同分析研究。另外还应注意对保密资料、有水分资料的考证把关。

报刊、网络等媒体资料考证　报纸、杂志和网站等媒体资料越来越受到修志人重视，但这类资料大部分都是因工作需要而形成的宣传报道材料，在形成过程中受宣传工作需要和撰稿人的观点、事实取舍等多重因素影响，难免有差错或失实。因此，使用这些资料时要采用多种报道进行相互印证（书证），调查分析当时的实际工作运行与结果，理性判断哪些部分夸张失实，达到去伪存真的目的。

口述资料考证　口述资料来源于走访调查，由亲历者口述所得，但也有听闻或口口相传而来，这些留存在头脑中的记忆资料受多种因素影响，难免会有出入，甚至是错误的。因此，在采集到这些资料后必须进行有效而客观的考证。一是对同一类问题进行多人访谈，以求互证。二是有亲历者口述资料时，则以亲历者口述资料为基础资料。三是如有同类文字资料（如志书、党史等），可用文字资料进行印证。四是对一些必须入志的疑难问题，召开相关专题座谈会、研讨会共同回忆考证。五是如有条件可进行实地考察论证。

图片资料考证　图像、照片资料在志书中占有特殊地位，主要构成志书卷首彩页和正文插图，直观性强，但在实际使用中也出现诸多问题，其考证工作同样不可忽视。首先是对采集来的图片要核实其来源，来源不明的不宜采用；其次是文图匹配，既要求照片是志书断限内拍摄的（手绘图除外），又要求其与文字记述内容相对应，不可“图不对文”或“张冠李戴”；三是尽量使用实拍照片，不使用网络图片，更不可使用高科技手段对照片进行拼装嫁接。

第七节　志书资料整理

1. 资料登记

在启动资料搜集之初，即应建立严格的登记管理制度（包括电子文档登记制度）。一是购置资料柜，对资料柜按章（以镇村志章节体设置为例）分隔，以章名顺序贴标签。二是对搜集来的每一份资料一律移交镇村志办公室资料员，进行初步分类，归属相应章节，如一份资料涉及多个章节，则应复印并分别归属相关章节。三是对每份资料建立卡片，注明资料名称、来源、种类、搜集人、时间和编号等，编号以章、节编号，如 7–3 为第七章第三节，如个人提供的应注明提供资料者姓名、地址等，口述资料应注明口述人姓名、年龄、性别、职业、住址、采访地点、采访人等。四是建立登记簿，按章登记。五是建立使用、借用登记制度。另外，对于音像、实物类资料，按上述方法分类建卡登记后用专柜保管，其中音像类资料还应建立电子文件资料库，并用移动硬盘作备份保管。

2. 资料长编编写

资料搜集基本完成后，虽然对资料做了初步分类登记、按章分类存放，但仍不方便直接使用，需要进一步整理，通常采用编纂资料长编的方法，变无序为有序，既便于资料的保管和使用，更有利于志书成稿后进入各个环节时核实备查，实现资料“由乱到治”。资料长编是由原始资料向志书过渡的中间形态，是资料整理的基本模式，有汇辑型、纂辑型和撰述型三种。资料长编形成后，修志者应根据志稿写作要求，对资料长编进行检查，看其分量是否适合、内容是否齐全、要素是否完整、时间节点是否连贯等，再做决定是否需要补充搜集资料或对篇目作局部调整。实践证明，资料长编所包含的资料详略、质量优劣，对志书的质量会产生关键性影响，编好长编是确保志书质量的重要步骤和基础性工作，应予以足够重视。

（1）资料长编类型

汇辑型。按照志书写作单元主题内容要求，把相关资料按时序排列汇辑起来，编纂者不做任何文字加工，保持资料的原貌。这种资料长编实际上是按志书篇目汇集而成，简单易行，但文字量较大。

纂辑型。编纂者对资料做初步消化，按写作单元主题内容要求对资料原文摘录，同时可对资料做适当纂述加工，再按资料时间节点以时为序排列。这种资料长编不完全保持资料原貌，有所筛选，有所加工，资料容量大，可用性强。

撰述型，即著作型。这种资料长编是编纂者认真分析消化资料后，用自己的语言，按照写作单元主题内容要求进行写作，再按时间节点以时为序排列，这种资料长编对编纂者要求高、保持资料原貌差且保存资料量小，修志者不常用。

（2）资料长编编纂步骤

分步实施，有序开展编纂工作。资料搜集往往时间比较长，不必等到资料搜集全部结束后再开始编写工作，应根据资料搜集进程切实掌握每一章实体资料的分量，成熟一章编写一章。

对照篇目，认真审读消化资料。由于资料搜集战线往往较长，对所搜集到的资料不一定都熟悉，编纂者要按照志书章、节、目顺序和志稿写作要求，再次阅读并深入分析研究全部资料，进行科学判断和分类整理，筛选出主题资料和背景资料、佐证资料，剔除与主题内容不相符的资料。应注意的是不得对原始资料进行任意修改，更不能不经严格考证就修改调整相关数据，应保持资料的“原汁原味”。

组织资料，求真务实摘编资料。以纂辑型为例，编纂资料长编就是依据初定的志书篇目，以一章构成一个相对独立的资料长编整体，以本章各节、目或子目分别构成编纂单元。在实际操作中，从本章节最低一个层次目或子目开始，根据其条目标题涵盖的主题内容摘编相关资料，只摘编切合条目标题的资料，同时可用自己的语言，按志书写作要求对主题资料进行写作加工，并以时间节点独立成行排列，以此类推，逐目逐节进行，直至本章完成。在摘编资料时，如有多条类似资料可以同时摘编依次排列；同一专题有多条来源不同的资料，应分别摘编并注明出处；对需要鉴别考证的资料可以加备注；同一条资料可以在其他条目中多次被摘编使用；对所摘编的资料应注意要素齐全。在摘编一般性资料的同时应注意典型资料的使用，在摘编宏观资料的同时也应考虑微观细节资料，还需注意背景资料等。另外，对选用的资料仍应注明其来源，口述资料还应注明口述人、采访人、记录人、时间、地点等。

每一个独立资料长编单元完成后，都应仔细与原始资料核对，确保准确无误后注明编纂人和校对人姓名及时间，以备查考。同时，应按照志稿编写原则初步衡量长编主体内容是否满足写作要求，如需要补充资料应及时组织补充。另外，在摘编其他长编资料时如发现本单元新资料，应及时依时序插入。

江苏连云港 紫菜养殖

5

第五章

志稿编写

纲目已定，资料已备，志书编纂就进入志稿编写阶段。志稿编写就是对资料或资料长编进行整理，按志书的体例和文体要求对资料进行再加工，用志体语言编写成文。编写志稿是一个系统工程，编写者必须充分占有资料，充分掌握、熟悉、理解资料，围绕条目的主题，对资料进行主次筛选、真假甄别、逻辑安排、详略处理等方面的整理，按照志体要求，谋篇布局，遣词造句，记述成文。编写志稿不仅仅是单一的文字加工过程，也是对内容和纲目框架再审视、再调整的过程，同时还是根据编写需要进一步补充征集资料的过程。

志稿编写是志书编纂过程中继篇目设置、资料征集之后的环节，也是志书编纂过程中任务最重、历时最长、程序最复杂、质量要求最高的环节。

镇村志编纂流程与市、县（市、区）志的编纂流程基本相同。但与市、县（市、区）相比，镇村区域小、人口少、机关事业单位少、经济活动和社会活动少、社会管理和服务事务也相对较少。镇村志所要征集、所能征集的资料远没有市县志多，所要设置的门类和记述的内容也没有市县志多。镇村志不能盲目套用市县志的纲目模式，横排门类宜粗不宜细，层级不宜过多。镇村志在资料取舍的标准上、在内容详略的尺度上也不同于市县志，宜将集中记述与专门记述相结合，将宏观记述与微观记述相结合。

第一节　编写准备

1. 资料整理的准备

资料整理的形式多种多样，被广泛采用且富有成效的资料整理方法是编纂资料长编。资料长编被方志界视为修志过程中一项较为重要的基础性工作，是志书编纂流程的一个重要环节。如果说编写志稿是旷日持久的砍柴，那么编纂资料长编就是一个磨刀的过程。

资料长编是指以志书纲目为统领，将征集到的原始资料分门别类、考订筛选、加工整理，按章节目的层次，依时为序串联成资料汇编，是初步系统化、较为全面的资料。资料长编既不是资料的简单汇集，也不同于志稿，仍属于资料的范畴。

资料长编是原始资料向志书过渡的中间环节，实践证明，前期资料工作做得充分，资料长编工作扎实，后期志稿编写就较为便捷，可以省去很多麻烦。镇村志编纂人员较少，建议编写志稿之前先编纂资料长编，这是检查资料是否齐备的过程，是整理资料、熟悉历史的过程，也是对资料进行初加工的过程。

2. 历史知识的准备

方志横陈百业，纵述历史，包罗万象，涉及自然、经济、政治、文化、社会的方方面面。镇村志直接参与编写志稿、分纂总纂志稿的人员有限，编写人员各有分工，虽然相对熟悉镇村情况，但是经济社会发展日新月异，改革创新层出不穷，前后时间跨度较长，一个人并不可能通晓分工编纂领域的所有情况。要达到编写志稿“横不缺要项，纵不断主线”的要求，志稿编写人员必须做好相关历史知识的准备。

志稿编写人员要掌握历届党的全国代表大会、历次中共中央全会精神，掌握党和国家的各个历史时期大政方针，准确把握党的历史主题主线、主流本质，了解宏观的历史背景；掌握本县（市、区）历届党代会、历次全委会的报告精神，历届人代会的政府工作报告精神，掌握乡镇党委、政府贯彻落实党的路线方针政策所作出的决策部署、重要举措，从宏观上掌握乡镇历史发展的脉络和主线、重要事情、重要活动、重要成就。

有一个方法值得借鉴，镇村志先行编纂大事记，组织志稿参编人员全员参与编纂大事记，在筛选大事、核实大事、讨论大事、记述大事的过程中掌握全镇全村的大事要事。

县（市、区）地方志工作部门应加强镇村志编纂指导，除了举办镇村志业务培训，还应请当地党校、党史部门为所有参编人员作相关历史知识培训，让参编人员从宏观上掌握历史，特别是地方发展史。

3. 编写业务的准备

修志工作要对大量资料筛选、提炼、归并、概括，再按志体编写。编写志稿既有内容的要求，又有体例的规范，还有文体的要求，只有做到内容真实完备、体例规范、文体统一，志书方能合格。所以，志稿编写人员必须进行充分的编写业务准备。

业务培训。各地召开修志动员会，往往集中举办各类综合性的业务培训，培训内容涉及修志流程、方志理论、资料征集、志稿编写、审稿验收等各个方面。业务培训要因人而异，因事而异，应根据镇村志编纂的实际需要，针对资料征集、资料长编、初稿编写、分纂、总纂分别召开不同的培训班、研讨会，统一思想，明确志稿编写、分纂、总纂的要求和要领。

制定并遵守凡例。凡例很重要，众手成志，如果没有统一的规定，编纂人员往往各行其是，志稿必定五花八门，质量参差不齐。建议志稿编写人员参与凡例的草拟、研讨和定稿，理解凡例的内涵，掌握凡例的要领，在编写、修改志稿中自觉遵守凡例的约定。凡例是编纂志书的“大法”，只有遵守凡例的规定，才能做到取材有依据、编写有准则、行文有规格，以确保全志体例统一。

制定执行行文规范。为保证全省省、市、县（市、区）三级志书行文规范、体例统一，江苏省地方志办公室制定了《江苏省地方志行文规范》，志书行文总要求：行文严谨朴实，简明流畅；表述准确清晰，符合逻辑；标题以事命题，科学简明；图表工整准确，要素齐全；名词术语规范统一，计量单位符合国家规定。

制定出台行文规范不易，但是执行行文规范更难，毕竟众手成志，各人的行文习惯不一。编写志稿之前，要组织参编人员学习、讨论行文规范，将各人的行文习惯统一于行文规范之下，逐渐形成执行行文规范的习惯，经过一段时间的磨合，努力形成相对一致的文体、文风。

4. 编写能力的准备

编写能力的准备最有效的形式就是试写样稿。试写样稿是运用行文规范编写志稿的实践，是将理论规范变为实际操作的一个试验性过程。参编人员相互讨论试写样稿，地方志机构工作人员评审指导样稿，能够促进行文规范的遵守与掌握，同时发现不足，分析原因，解决文体不一、文风驳杂等问题，进而统一体例和文体。

试写样稿，要注重每个条目的谋篇布局、遣词造句。力求言简意赅，文约事丰，表意准确，语言流畅，通俗易懂。试写样稿应着力培养遵守凡例、执行行文规范的习惯，提升驾驭资料、严谨行文的能力，推进述、记、志、传、图（照片）、表、录各种体裁的规范使用，形成朴实、严谨、简洁、流畅的文风。

第二节　编写原则

1. 坚持科学指导思想

方志文化是中华优秀传统文化的重要组成部分，地方志是中华优秀传统文化的重要载体，编修镇村志是记录历史、赓续文脉的文化事业。

编写志稿必须坚持正确的政治方向，确立科学的编纂指导思想。准确理解和把握党中央关于历史问题的最新表述、评价和结论，充分利用马克思主义中国化的最新理论指导方志编纂工作。要将政治纪律和政治规矩立在前面，贯穿于志稿编写的全过程、各方面，用习近平新时代中国特色社会主义思想的世界观和方法论，来观察历史、分析历史，统摄资料，编写志稿。所有入志内容都体现了价值取向，修志人员必须坚持正确的历史观，不应把修志视作个人的创作。编纂志书要把好政治关，遵守宣传纪律和新闻出版规定。修志要客观真实，坚持正面记载，坚守意识形态底线，反对历史虚无主义。记载当地重大历史事件要以已有的定论为准，或以报纸公开报道的内容为准。坚决反对丑化英雄人物、淡化英雄人物；坚决反对美化已有历史定论的反面人物。

记述挫折、失误的内容要选准角度、把握尺度，不可片面，不能就事论事，或者渲染夸大。相关内容要遵守保密规定，宗教、民族等内容应请相关主管部门审稿把关。

2. 坚持分类记述

分类记述是编写志稿的基本要求，是地方志“横排门类，纵述史实”的必然要求，以类系事是志稿编写必须坚持的行文方法。同类资料应安排在同一条目中，也可以安排在紧邻条目中。编写志稿时写清事物的发端、发展与转折、结果或现状，删除与条目主题无关的资料，不应旁及其他，横生枝节。面对庞杂的资料，要围绕主题进行筛选，分清背景资料、主体资料、典型资料、结果资料，合并处理内容相同而表述不同的资料，从略处理与主题关联度不大的资料，舍弃与主题无关的资料。

分类记述就是围绕一个主题、沿着一根主线将资料编写成志稿。分类记述要处理好主次、详略的关系，注重升格的应用。分类记述还要处理好集中记述和分开记述的关系，同一事物按其属性可以分类散记于各个章节，也可以归为一类设立专门章节集中记述。

3. 坚持顺时记事

“横排竖写”是志体结构的基本特征，也是编写志稿的基本方法。横排是形式，表现为纲目框架；竖写则是记述要求，表现为最终的志稿。竖写也称纵写、纵述，即顺时记事，按照时间的先后顺序，记述事物发端、发展与转折、结果或下限之时的状况，记清事物兴衰起伏的发展脉络。顺时记事要熟练掌握“三部曲”或称“三段式”的志稿编写基本方法，也就是写好事物的开头、发展与转折、结果和下限的状况，在结构上以起点、转折点和终点来统领一个条目的资料，体现志稿的完整性、系统性。

镇村志要写好开头，写好起点。首次编修镇村志，即通志，要有溯源意识，要溯源至有文字记载的事物发端；编写续志要有上限意识，着力做好与前志的衔接，注重完整记述跨越前志下限的重要事情。

镇村志要写好发展与转折，就是要写好事物由量变到质变的过程，因改革而突破的过程，从平稳发展到创新上升的过程，同一事物可能会经过多次的发展转折，每一次发展转折应通过划分自然段落来记述，更显层次清晰，防止记述冗长。对时间跨度较大的条目，可以标志性事件、重要决策、阶段性成就、关键性时间节点为界，分阶段记述，力求层次分明，脉络清晰。

编写志稿同样要确立下限意识，写好事物的结果，或下限之时的状况，不应超越下限记述。

顺时记事在资料安排上不能平均用力，切忌面面俱到、流水账式的逐年资料罗列，必须抓住主线、突出重点，对资料进行剪裁、提炼、概括，详略得当地记述事物发展演变、盛衰起伏过程。

顺时记事不能倒叙、插叙，时间不能交叉混乱。同一条目如果是记述复杂事物，应从不同侧面记述，不能混杂记述，写好一个方面再写另一个方面，采用暗分明不分的形式记述，暗分即另起一个自然段记述，明不分即不同侧面的记述仍由同一条目统领，不再另外设立条目或者子目。

4. 坚持方志体例

编写志稿述而不论，忠于事实，据事直书，只记事实，不讲道理，直接记述“是什么”“怎么样”，不记“为什么”，但是要在“是什么”“怎么样”中蕴含“为什么”。志书的大事记、各个分志等主体部分不作评论，直接、客观、真实地记载自然、经济、政治、社会、文化、生态、人物等各个方面的历史和现状，“不著论断”，不作分析评论，不直接褒贬记述对象，不直接表达编纂者的观点。

镇村志编写要坚持“记”“志”“传”述而不论，“述”、章下序可以适当议论。但议论切忌空泛，防止为议论而议论，要做到论随事出、论从史出，或彰明因果，或点明得失，或分析利弊，或总结经验教训，不应长篇大论，要点到为止、画龙点睛。

镇村志要坚持越境不书的原则，但要灵活应对，对记述行政区划调整、跨地区经济协作、援建扶贫、跨区域基础设施、本地企业在行政区域外的经营等均要记载，但要从本镇本村的角度来记载。要处理好“地域范围”和“域外管理”的关系，只要是在本镇本村的单位，不管它属于哪一级管理都应有所记述。

镇村志编写要遵守凡例规定的上限和下限，既不能随意越限，更不能不达下限，做到时间断限明确，掌握好记述的起点和终点，确需下延之事可以以大事记的形式入志。

5. 坚持完整记述

内容完整是编写志稿必须遵循的一个基本原则，全面系统地记述本地区自然、政治、经济、文化、社会和生态的历史与现状是志书的价值所在。

2008年中国地方志指导小组印发的《地方志书质量规定》第十四条规定："内容完整，横不缺要项，纵不断主线；详略得当，重点突出；反映事物基本特征，记述有深度。"志书不能遗漏重要内容，内容完整应从三个方面考虑，一是横排不缺要项，二是纵述不断主线，三是记事不乏深度。

横排门类确定基本框架，应保证不缺要项，不能有重大疏漏与缺失，否则就破坏了志书的完整性。既要防止纲目设置中缺要项，又要防止志稿编写中缺要素。记述复杂事物的条目，既要记述事物发展的主体、主线，又要记述重要的侧面；既要记述整体综合情况，又要记述典型事例，突出重点，点面结合，多层次、多角度地记述事物。不能简单地以结果来代替事物发展的过程、以数据代替事实、以局部代替整体。不能资料多就多写，资料少就少写，甚至不写。

纵述事实应记好事物发展脉络，关键措施、关键节点、重大变化不能缺失，要能够体现事物发展变化的基本情况。纵述事实要根据事物发展的实际情况把握时间节点，而不能简单机械地套用五年规划、政府届次等时间节点。

镇村志的记述要充分展现一镇一村的时代特征、地方特色，但是不能为特色而特色，同样要坚持详今略古、详近略远、详异略同的原则。既要记述好本地特有或突出的自然现象、自然资源，记述好本地重点推进、持续推进的工作，也要记述好本地经济、政治、文化、社会和生态文明建设取得的重大成就、改革开放中重要的创新举措。

内容完整并不是面面俱到、每事必录，特别是镇村志不能盲目套用县（市、区）志的模式，有所记，有所不记，通过资料取舍、详略安排来突出重点、贯通脉络。内容完整要做到化繁为简，点面结合，全局了然，杂而不乱，散而不碎。

6. 坚持严谨文风

编写志稿就是用记叙性的语言严谨、朴实、简洁、流畅地记述事物。记述事物坚持实事求是，符合事理，言简意赅，尽量少用甚至不用修饰性词语，切忌运用比喻、夸张之类的修辞手法。文字不可文白夹杂，慎用口语、方言、网络词语。行文简洁流畅，既要防止赘词冗句、浮文饰词、浮夸虚张，又要防止盲目照抄、语意含糊甚至自相矛盾。

志书资料出处很多，有政府工作报告、工作总结、文件汇编、调研报告、新闻报道、报刊文摘、微信宣传等；语体形式多种多样，有评论式语言、论证式语言、总结报告式语言、教科书式语言、说明式语言、文件汇编式语言、广告性语言、新闻体语言、鉴定性语言、文学描述性语言、地情研究式语言等。编写志稿不能对资料只作简单剪裁、粘贴，更不能直接就着资料原文改写志稿，要将各种文体变为方志文体，运用方志语言记述资料中的事实。不使用“根据上级要求”“按照县政府指示”“根据群众反映”“经过讨论研究”等短语。通典不录，政策法规文件原文不收录，常识性、专业性、通识性的内容不记述，也不作解释性、说明性记述。

修志不是文学创作，不是学术研究，要防止以点代面、以偏概全，切忌用一县情况来代替一乡情况，用他乡情况来类推本乡情况，不能仅凭极少的资料主观想象、分析推断。不能过度地阐述说明，把志书编成讲义、教材、说明书。不能写成工作总结，切忌用“一、二、三、四”“一是、二是、三是”“首先、其次、再次、最后”之类的写法。

编写志稿采用第三人称，不用“我县”“我乡”“我镇”“我村”“我校”等第一人称。记述人物直写其名，不加“女士”“先生”“同志”之类称呼，必要时直接在人名前面冠以职务。时间表述要准确，不用“今年”“前年”“本月”“过去”“现在”“目前”“今”等不确指的时间概念语词。

第三节 编写注意事项

1. 处理好集中记述与分散记述的关系

编写志稿既要恪守规范，又要灵活处理好集中记述与分散记述的关系，做到统分结合，详略得当，妥善处理好交叉重复的内容。

比如改革开放，有的志书设专门章节记述改革开放，有的志书将改革开放的内容分散记述于相关章节之中。集中记述能使事情一目了然，但是集中记述对资料的要求更高，容易造成对比性缺项或交叉重复。从历史的角度来看，事物发展的过程就是一个变革的过程。镇村志以分散记述改革为好，通过记述事物演变发展的过程与成果来体现改革。开放的内容可在经济部类中的工业园区、工业集中区或招商引资等章节中予以记述，也可以在相关节目分散记述。

比如党和国家重大方针、政策、决策的贯彻实施，一般在综述（概述）部分、政治部类概括记述，在相关部类集中记述某一重大方针、政策、决策的具体贯彻实施情况和取得的成就。比如家庭联产承包责任制，应在经济部类农业部分记述。再比如乡村振兴战略的实施，乡村振兴总方针是坚持农业农村优先发展，总要求是“产业兴旺、生态宜居、乡风文明、治理有效、生活富裕”，这五个方面几乎概括了镇村志的主要内容。记述乡村振兴战略，应着重在各个章节中记述实施乡村振兴战略的措施、成就，记述农业农村的发展。

2. 处理好点、线、面的关系

编写镇村志稿要处理好点、线、面的关系，将三者有机结合，积点成线，织线成面，使志稿层次清晰、简明流畅。“点”是典型事物、典型事件、典型人物，“线”是篇目标题确定的主题、事物发展的主线，“面”是一镇一村某一事物的整体概况，特别是下限之年的概况。

“点”主要体现为事物发展的关键点，即事物发展的起点、转折点（突破点、上升点、下降点等）、终点（事物发展的结果或下限之年的现状）。在事物发展的过程中，不能逐年记流水账，要抓住变化关键点记述，有变化就记，没有变化就不记。“点”体现在事物发展的极限点、突破点上，比如经济增长达到的制高点，突破万元（万元户）、亿元（亿元乡）关键点的情况，粮食单产、总产创纪录情况；比如人口章节中的百岁老人，教育章节中的第一位大学生、第一位研究生，卫生章节中的传染疾病发病率通过防控达到的最低点乃至清零；等等。“点”体现在典型事件、典型人物上，比如经济建设中的破局改革、事业发展中的首创之举、道义传承中的好人好事等。

“线”主要体现为章节标题所确定的主题，体现为通过资料编排所表现出来的事物发展过程，体现为通过“点”的串联形成的事物发展的清晰脉络。线要突出两头，即志书的上限与下限、事物发展的起点与终点；线要有项链效应，事物发展的转折点、突破点、极限点是项链之上的珍珠，典型事件、典型人物是项链之上的宝石。突出主线要有删除枝节、保留主干、串珠成链的功夫。

“面”指通过“点”“线”有序排列组合形成的事物全貌。在一个条目之内，注重突出主线纵述事实，写好事物发展的脉络；同时根据需要，围绕主题、主线，适度“横陈”，记述好事物的侧面，做到主次分明，详略得当。

3. 处理好定性记述与定量记述的关系

定性记述是文字记述、图片记述，记述事物发展的时间、地点、人物、经过、结果；定量记述是数据记述、表格记述，侧重记述事物发展的阶段性量化结果。处理好定性记述与定量记述的关系，要着重处理好志稿编写过程中的文字与数据的关系。

江苏泰州 水乡暮色

照片能够直观地表达事物的性状，是定性记述的一种方法。镇村志应重视图照运用，做到图随文出，图片与文字相辅相成，不能把照片看作文字的附属，不能仅仅为了视觉美观而用照片，也不能形成看图说话式的记述。作为志稿的一种体裁，入志照片质量要求较高，入志照片的质量包括三个方面：一是照片构图美观、视觉清晰，二是照片信息含量丰富，三是照片说明准确。没有信息或信息模糊的照片、没有准确说明的照片、万能照片都是无效照片，照片一般不应用抽象说明、写意式的说明，事件照片说明要有时间、地点、人物、事情、经过、结果等信息，事物照片的说明要有何时、何地、何物等信息。志书选用照片不应过分追求美图，尽量少用没有人的空镜头照片，多用动态照片而少用静态照片。志书照片之美在于有打动人心的主题，志书照片之功在于有丰富的信息，志书照片之用在于有厚重的历史，而不仅仅是对现代科技条件下光影色彩的组合和视觉冲击的追求。

镇村志要重视数据的运用，但是不能滥用数据，不能把志书编写成统计年鉴、统计志。镇村志要用关键数据、核心数据，注重使用最主要的统计口径数据。比如一部镇志记述某企业下限之年生产经营情况："全年实现营业总收入 1428 万元，完成工业总产值 1161.35 万元，销售收入 1070.86 万元，利税 141.13 万元，利润 110.29 万元，分别比上年增长……"一个地区的工业经济统计口径一般记述工业增加值，工业企业可以记述工业总产值，不必面面俱到。要注重常住人口与户籍人口数据、耕地面积与耕种面积数据、人均收入与人均可支配收入数据的区别。

一些年度性重要数据在时限二十年甚至上千年的志书中并不重要，单一使用某一年度性数据意义不大，尽量不用同比数据。志书可记述一个时间段内最大的年度增幅，不必逐一记述各个年度增幅；志书应将历年的年度增幅换算成十年、二十年甚至时间更长的年均增长率。例如：

“2013 年至 2022 年，我国国内生产总值（GDP）从 59.3 万亿元增长到 121 万亿元，年均增长 6% 以上，按年平均汇率折算，经济总量达 18 万亿美元，稳居世界第二位。”（新华社 2023 年 12 月 14 日电讯《GDP 十年翻番我国经济实力实现历史性跃升》）如果基本数据记述完备，一般不应再换算成百分比来记述。

数据较多可以设计成表格记述。表格按规范设计，要有标题、表头、统计项目、数据单位等。表格一般设计为“一览表”，少数设计为“统计表”，统计表要有统计范围之内的统计数值、总数值。志书条目标题之下不可直接设表格，必须有一段文字概括记述，且文字记述不应与表格中的内容重复。

数据使用必须规范，数据要注重核实校对。志书概述（综述）中的数据、章下无题序中的数据与正文中的数据要一致，不同章节记述同一事物的数据要一致，正文中的数据与表格中的数据要一致，总数据与分数据之和要一致，同一事物所有组成部分的百分比之和必须等于 100%。比如一个乡镇第一、二、三产业增加值的百分比之和必须等于 100%，由于受四舍五入的影响，有时会大于或小于 100%，应自行适当调整。

4. 处理好守正与创新的关系

编写志稿要遵循志书体例和规范，坚持横排门类、纵述史实、越境不书、述而不论的基本原则，编修出具有志书体例、乡土味道的镇村志，而不是编写成调研报告、学术论文、新闻报道、总结报告、地情史话等。此为守正。

编写志稿不能墨守成规、因循守旧，不能过分依赖老办法来记述新内容。篇目应该设置得能够更好地为安排资料、记述内容服务，内容上要更加突出主题主线、彰显地方特色和时代特征。此为创新。

志书没有定于一尊的编写方法，只有更切合实际的编写方法；志书要坚持守正与创新的统一，坚持在继承的基础上创新。创新要根据镇村的自然禀赋、经济建设、社会发展特色设计篇目、征集资料、编写志稿。编写志稿一定要坚持创新，否则千志一面。但是不能为创新而创新，创新不是简单地模仿，不是拿来主义，不是简单的拼盘，不能生搬硬套，否则章节安排上厚此薄彼，志稿体量严重失衡，交叉重复难以处理。

编写志稿要灵活，修改志稿要机动。编写志稿要“求异”，形成自身特色，比如崇尚实业的镇村与崇尚教育的镇村、城郊镇村与偏远镇村、工业镇村与旅游镇村、江边镇村与滨海镇村、历史镇村与新兴镇村等，都会呈现不同的社会风尚、民众心理和价值追求。编写志稿要“求特”，要记述普遍现象、普遍情况、整体情况，更要记述好特殊情况、特殊现象、独有的历史文化等。编写志稿要“求新”，运用集中记述、提炼概括等方法，重点记述镇村的改革举措、独特经验、创新成就等。

5. 处理好远与近、多与少的关系

编写志稿要详近略远、详今略古，详写的内容运用的资料多，略写内容运用的资料少。但是近年来，部分镇村志突出对历史文化的挖掘、记述，而对当下的内容、对现状记述不够充分，甚至不记当下的一些重要内容。部分镇村志存在详远略近、详古略今的倾向，重历史而轻现状。这种现象违背了《地方志工作条例》关于“编纂地方志应当做到存真求实，确保质量，全面、客观地记述本行政区域自然、政治、经济、文化和社会的历史与现状”的规定。镇村志应重视历史的挖掘、整理、记述，同样不能忽视对现状的记述。地近则易核，时近则迹真，存史价值更高的志稿应注重对当下现状的记述。

上述现象的产生有多种原因，其中之一是对当下的资料征集不到位，对当下的资料提炼不到位，对当下的资料概括不到位。近年来，镇村地情文化研究得到重视，其中镇村历史、市井人情、民俗风情、民间传闻、

历史人物的研究比较多、资料多、文章多、书籍多，直接进入镇村志的资料就多。而近年来经济建设、社会发展的资料虽然很多，但是比较零碎庞杂，需要花功夫走访调查、提炼概括、筛选归并、新构文本，有一定的工作难度。在合理安排远近、平衡今古上，关键要做好当下资料的征集、整理与编写，不能将镇村志稿编写成地情文化研究文章。

第四节 自然部类的编写

自然部类历来有名实之争，很多学者认为自然部类记述的内容突破了“自然”的概念，建议将自然部类改称“地理部类”“自然地理部类”或“基础部类”。为了尊重修志界长期形成的习惯，仍称其为自然部类，仅仅将其视作方志编纂工作中超越“自然”内涵的一个部类的称谓。

1. 建置区划

建置沿革 “建置”词义为“建立，设置”。镇村建置即为镇村的建立、设置，编写志稿时应溯源至本区域有文字记载的最早历史及其隶属关系，记述历史上最早设乡、建镇、成村情况以及名称由来、隶属关系，记述镇、村发展的历史沿革、隶属关系变化等概况。溯源历史要有信史支撑，不能依据史书、旧志简单推理，不能以民间传说来溯源本地的起源，不能违背史实盲目追求所谓的“历史悠久”。

区划调整 镇村区划指镇村的区域范围及其调整变化。乡作为区域概念在不同历史时期有不同的内涵。明朝县以下一般设乡、都、里、甲，“乡”是一个很大的区域，一个县往往只有几个乡。民国时期实行市乡制、区乡制，一度还实行过保甲制（区下设保、甲），此时乡的区域范围较小。民国期间，中国共产党领导的抗日民主根据地、解放区实行新乡制。

中华人民共和国成立后，各县实行区乡制，但乡域范围较小，一县有数百乡之多。1957 年前后，撤区建乡，原来的乡改设农业社。1958 年，乡和镇改建为政社合一的人民公社，农业社改设为生产大队，后又有大、小公社之变。1983 年，改变政社合一体制，公社改设为乡镇，生产大队改设为村民委员会，生产队改设为村民小组。随着经济社会的发展，区划调整较多，乡镇和村组撤销合并较为频繁，镇、村数量减少，区域面积扩大。随着城市化进程加快，部分乡镇被纳入城市的版图，乡镇改设为街道，乡镇人民政府改设为街道办事处。镇村志应记述区划发展变化情况以及下限之年的区划情况。

改革开放后，镇村撤并现象较多，一镇如由多个乡镇合并而成，应记述并入乡镇的概况，同时记述划出村的概况。一村由多个村合并而成，也应记述并入村的概况。

少数村因整体拆迁已经不复存在，居民分散于各个居民安置点，但村民委员会仍然存在，负责村集体资产的经营与分红，这类村志一般是以记述历史为主，留存历史，留存记忆。

镇村志应单设条目记述镇名、村名由来。镇志要逐一记述每个村的概况，高度概括记述每个村的位置、人口、面积、经济、文化等。村志要记述每一个村民小组的位置、人口、户数等情况，同时记述或溯源记述自然村、自然庄台、自然村落的历史、主要住户由来等概况。可单设条目，记述一些自然村落的名称由来。

区位面积 区位要记述镇村区域的东、南、西、北四至，记述周边接壤的镇村或作为分界线的河湖、山丘、道路等。除了地理位置外，还可以记述本区域的交通区位、经济区位等。

村志因资料少、变化小，建置区划视具体情况可以合并为一个条目记述。

建置区划研究、考证历史较多，只记述研究结果、考证结果，不记述研究、考证经过，不能把地方志写成地情文化研究考证文章。

2. 自然地理

自然地理的基本内容有地质地貌、土壤生物、山丘河湖、气候物候、自然资源、自然灾害等。这部分内容比较专业，大部分内容是专业机构勘探观测、调查分析的成果，编写自然地理志稿要充分利用专业资料，但是又不宜直接照搬研究分析报告，也不能直接套用县志内容。

地质地貌　地质、地貌建议从简编写，也可合并编写。地质简单记述本区域地质构造分布情况、地层分布情况。如无专业资料，地质非一镇一村有能力开展勘测研究，可以不写。大江、大河、大湖、海边的镇村要记述成陆经过。地貌指地表起伏变化情况，镇村志应直观记述地貌类型（山地、丘陵、平原、圩田、垛田、湿地、江滩、海滩等）、地势变化（海拔等变化），不作科研式的原因分析与说明。如有可能，可设计地貌类型示意图。

附：南通市海门区《常乐镇志·镇情概览》之“自然环境”

地貌　境内地势低而平坦，沟河纵横。由于成陆时间不同，全境地形地貌略有差异，分通启沿线平地、沿江低平地2种。

地势呈北部略高、南部偏低。北部通启河两侧，地面高程2.74—3.74米（以废黄河为基准）；境内南部地区，地面高程2.24—3.24米。

（《常乐镇志》只设地貌，未设地质）

附：扬州市邗江区《瓜洲镇志·基本镇情》之“自然环境”

地质地貌　瓜洲镇属扬州—铜陵地震带中段，地质构造主要分为四层：第一层为褐黄色亚黏土（表层为耕作层土），遍布全镇，厚度

1—2 米，地耐力 8 吨 / 平方米。第二层为灰黄色轻亚黏土，距表面 2—5 米，地耐力 9—10 吨 / 平方米。第三层为灰褐色淤质亚黏土，夹薄层粉砂、轻亚黏土，遍布全境，距地面 3.5—9 米，地耐力 5—7 吨 / 平方米。第四层为轻灰色轻砂，局部夹薄层淤质亚黏土，遍布全境，距地表面 4.5 米以下，地耐力 10—12 吨 / 平方米。

瓜洲地区系由全新世以来长江携带的泥沙沉积，沙洲并岸与河漫滩组成的冲积低平原，地势平坦。地耐力 10 吨 / 平方米以上，可作天然地基使用。地面真高 2.42—4.2 米。

土壤 中华人民共和国成立后，各地分别于 1959 年、1975 年、2022 年组织开展了 3 次土壤普查，普查内容一般包括土壤形成因素、典型土壤剖面描述、土壤类型的确定、土壤理化性状的测定、土壤评价和低产土壤改良规划等。镇村志可利用普查资料，着重记述本区域内土壤的类型、特性、肥力及分布状况，并可分析对比三次普查情况，适当记述土壤的变化，主要是土壤改良、耕作模式、化肥农药对土壤的影响。

山地 可以与地质地貌合并从简记述，也可单独记述。主要记述山峰、丘陵的成因、类型、海拔、分布等概况，以及山峰、丘陵特有的自然环境，择其高者、广者作专门记述。

河湖 镇村志多设水系水文节。大江大河流域内所有河流、湖泊等各种水体组成的水网系统称作水系，流域是一个很广泛的区域性概念，一镇一村的河湖只能是水系的一部分。镇村志建议直接设立河湖节，以具体的河湖名称设条目，记述河流形成时间、长度、流向，流经本镇本村的起止点、长度，以及引水、排涝、航运能力；记述湖的名称、位置、面积，属于本镇本村的面积。镇村濒临长江、淮河、大湖、大海等重要水体，要记述本镇本村的江岸线、河岸线、湖岸线、海岸线及邻近水域概况。

水位要记述平均水位以及最高、最低水位。水位要定量记述，如果本镇本村内未设水文观测站、观测点，所用的推断数据要考虑本地与邻近水文观测站之间的水位落差。

气候物候 气候主要记述气候类型、本地的四季变化，记述日照、气温、风雨雾霜雪等气候要素的时空分布以及一段时期内的平均情况、极端情况。编写气候条目主要利用县气象台（站）的记录资料，县气象台（站）一般以县城为基准点观测、记录、预报天气。编写气候条目应充分考虑镇村与县城之间气候要素的差异，比如湖泊中央岛屿式乡镇的风力要明显大于陆地乡镇风力。

物候是指自然界中的动植物和非生物受气候影响而出现的周期变化现象。植物的萌芽、抽叶、始花、结实、落叶，候鸟、昆虫的迁徙、初鸣、冬眠，非生物的初霜、终霜、初雪、终雪、冰冻、解冻、初汛、枯水等自然现象，往往都对应着相对固定的日期或时间段。物候一般与二十四节气、九九歌等相对应，与传统农业耕作相对应。各地的物候现象有早有晚，并不一致。物候往往以谚语、俗语的形式表现，广泛流传，代代相传，切勿将与本地无关的物候现象写进志书。

自然资源 自然资源包括土地资源、水资源、气候资源、生物资源、矿产资源、地热资源等。镇村区域范围较小，分类不宜过细。土地资源、水资源、气候资源可以单独记述，也可合并记述，土地资源可以并入“区位面积”中记述，水资源可以并入“水系水文”中记述、气候资源可以并入“气候”中记述。如本镇本村并无矿产资源，建议直接设立“生物”节，下设植物、动物两个条目记述，植物主要记述本乡本土长期生长的主要植物的种类、分布情况、俗称学名、主要用途等，要突出乡土树种、原生植物的记载。动物记述本乡本土野生动物种类、种群、生态价值、经济价值等，可适当记述历史上曾经较多的动物。记述植物、动物不可盲目罗列，不宜过多，择其要者记述，不能把引进观赏、人工繁殖、数量不多的花鸟虫鱼、宠物猫狗等当作本地的物种资源记述。

自然灾害　自然灾害包括气象灾害、海洋灾害、地质灾害、生物灾害，每个灾害下又分若干种类。由于各地的情况不同，建议不再分气象灾害、海洋灾害、地质灾害、生物灾害，直接以本地主要灾害设目记述，比如：旱灾、洪涝、台风、冰冻、海潮、地震等。注意区别灾害性天气与气象灾害，由于防汛抗旱减灾能力的不断提升，过去容易成灾的极端天气现在不易致灾，没有造成灾害损失的极端天气不作自然灾害记述，建议记入气象条目之中。要防止盲目套用县志的相关内容推断气象灾害，某县志记载："清康熙十六年（1677），江溢，水入城中民舍，街巷低洼处皆驾木以济。"该县县城靠近江边，沿江地区地势低洼，远离县城的地区地势较高，历史上甚至出现盛夏季节沿江受涝、边远地区受旱的现象。该县沿江地区的镇村志可参照县志记述此次江溢之灾，而其他地区的镇村志则不能机械套用。再比如龙卷风，这类突发性灾害天气破坏性很强，但是影响面较小，影响范围宽度一般只有几百米，移动路径一般不超过 10 千米，往往相邻两村，一村受灾，一村无碍，因此记述龙卷风不能简单推断记述。

3. 人口

人口主要记述人口状况、人口结构、姓氏来源、人口管理等几个方面。中华人民共和国成立以来，先后于 1953 年、1964 年、1982 年、1990 年、2000 年、2010 年、2020 年进行了七次全国人口普查。人口资料丰富权威，但要注重下限之年人口资料的征集，如果镇村志的下限是 2020 年，可以直接利用 2020 年第七次人口普查的资料，如果下限不是 2020 年，就要征集下限之年的人口统计资料。

人口状况　可适当溯源至有资料记载的人口情况，主要记述重要时间节点和下限之年的人口数量、人口变动、人口密度等情况。人口数量要记述本镇本村下限之年的总人口、总户数，注意区别户籍人口数与常住人口数两个不同的统计口径。人口变动要充分考虑区划调整的影响，张庄村与李庄村合并为新的张庄村，统计人口变化不能以原来张庄村人口与新的张庄村人口相对比，而要将原来张庄村与李庄村的人口之和与新的张庄村人口相对比。

人口结构 记述年龄结构、性别结构、文化结构、职业结构、家庭结构、民族结构。年龄结构根据资料，统计关键时间节点和下限之年各个年龄段人口的数量与比例，重点记述下限之年的长寿老人，镇志可记百岁老人，村志可记九十岁以上的老人。关于职业结构可以进行抽样调查或统计调查，镇志以抽样调查为主，村志可以进行统计调查，主要调查从业年龄、工种、工作地、年度工作天数等情况。家庭结构可将人口普查统计报告与修志调查统计相结合，记述结婚成家的基本情况，记述家庭结构从三代同堂、四代同堂的大家庭向三口之家小家庭的变化。民族结构记述本镇本村民族人口的比例，重点记述本镇本村少数民族人口的民族、数量等情况，少数民族人口较多的镇村可单独设立“民族”条目。

姓氏来源 记述姓氏结构中占比较多的人口及其历史来源，这是镇村志与谱牒文化的对接，也是镇村志的特色之一。很多村庄的历史往往从一个人一个家庭、几个人几个家庭开始，他们或因避乱逃难，或因政府组织，来到本地，落地生根，繁衍生息，聚族而居，血脉相传，地缘相连，形成村落。记述某人迁入时间、迁入地点、家族及村落发展情况、下限年家族人员在本镇本村的主要分布情况。特别有影响的家族可设目，甚至设节、设章记述。

生育调节 生育调节记述生育政策变迁，反映人们生育观念的变化。记述中华人民共和国成立初期鼓励生育政策、20 世纪 70 年代晚婚晚育政策、20 世纪 80 年代独生子女政策、2015 年的全面二孩政策在镇村的实施情况；记述生育服务、优生优育等。

4. 镇村建设

镇村建设的内容主要有集镇沿革、建设规划、镇区建设（集镇改造）、村庄建设、供水供电供气路灯、邮电信息设施、拆迁安置、水利建设、交通建设、公园绿化、环境卫生以及特色镇村建设、镇村管理等。

集镇沿革　记述本镇范围一个或多个集镇的起源、发展情况以及下限之年的现状，重点记述集镇区的主要街道、面积、人口等变化情况。现在的镇多为数个旧乡镇合并而成，如有多个集镇，重点记述镇政府所在地的集镇。历史上曾经非常有名但如今已经衰落的集镇也应适当记述。

建设规划　记述总体规划编制及历次修订情况，简要记述历次规划的总体定位、发展方向及目标、用地规模、人口总量等规划要素。高度概括记述中心镇区、商贸区、工业集中区、生态建设、供电工程、通信工程、有线电视工程、燃气工程、防洪安全、交通管理等专项规划的主要规划目标。

镇区建设　记述建设概况、街道建设、居民区建设、服务设施建设、古镇保护等。建设概况记述镇区建设的重大事项，关键时间节点、下限之年镇区建成区面积。街道建设记述老街巷拓宽改造、新街道建设、商业街建设等。居民区建设记述老居民区的拆迁改造、新居民小区建设等。服务设施建设概括记述卫生、教育、文化、体育等设施的建设情况，以及居民服务中心、公园、广场、消防站、停车场、标志性景观建设等。历史文化名镇可单独设古镇保护章节，记述古宅古寺、古巷古街、古片区，老井、老桥、老店，古树名木的保护与旅游开发，充分体现地方特色。

供水、供电、供气、路灯　供水记述自来水管网建设与升级、农村改水、自来水普及率、最大供水能力等。供电记述配供电站、不同时期电网建设、电网改造、农网改造、最大供电能力等。供气记述液化气供应，燃气管道的铺设、开户等情况。路灯记述集镇路灯的发展变化、农村路灯的设置安装等。

邮电信息　邮电信息包括邮政、电信及移动通信、互联网、广播电视等行业，可单独设节，也可合并集中记述。邮政设施包括邮政网点、投递邮路和曾经的电报业务；信息设施包括电信、移动通信、有线电视的网络、基站及相关业务。村志一般应记述第一部家庭电话、第一部个人手机、第一台上网的家用电脑等，记述安装家庭电话时间以及普及变化与现状，家庭电话、手机、网络、有线电视的普及率或开通率。

拆迁安置　包括镇区和农村的征收拆迁的总户数、总面积，不同时期的征收政策、安置政策、安置形式、镇区集中安置区的建设、农村集中安置点或集中居住点的建设等。

水利建设　镇村如果河网密集、水利工程多、相关资料丰富，可以单独设立水利一章；如果河道少、水利工程不多，可在镇村建设之下设水利建设一节，也可以在农业章下设农田水利一节。记述各条骨干河道何时开挖（整治、疏浚）、工程概况（长宽深、流量）、起讫位置、施工方式（人工、机械）、在本镇本村内的长度、本镇本村投入的劳动力工日和资金情况、开挖土方量等。记述与骨干河道配套的农业生产河流情况，方法类似于记述骨干河道。记述历次大规模的平田整地运动，记述水渠、节水渠道、翻水站、排水站、闸涵等农田水利设施的建设、翻新、改进情况。

交通建设　记述经过本镇本村的国道、省道、县道、县乡公路以及高速公路、高速公路互通，主要记述这些道路在本镇本村的长度、宽度、出入口、交接点等。记述本镇本村的乡村公路、进村联户硬质道路建设时间、投入资金以及长度、宽度、质地（砂石路面、水泥路面、柏油路面）等概况。记述本镇本村内车站、渡口、码头以及镇村公交的线路和站点。

如有航道经过本镇本村，记述航道的等级、通航能力，在本镇本村的长度、曾经的客运码头、货运码头等情况。

公园绿化　公园记述镇村投资建设的公园、广场、街头小游园的建设时间、面积、特色等。绿化记述公园广场绿化、街道绿化、单位及小区绿化、河道绿化、庭院绿化，包括绿化面积、绿化形式（草坪、绿化带、行道树、河岸绿化）。农村还应记述农田林网化。

环境卫生　县城所在的城关镇、经济发达镇以及经济开发区等功能区所在镇应单独设章，记述环境卫生。一般乡镇和村设立环境卫生节，记述环卫设施和治污设施的建设与配置，垃圾、粪便、污水的集中收集与处理，街道、道路、河道的保洁，黑臭水体、渣土等专项整治，农村改厕，秸秆禁烧、禁抛，河长制实施情况等。

村庄建设　记述村庄布局，道路桥梁、河道水渠建设情况，供水、供电、供气、路灯等公用设施建设情况，通村公交的线路、班次与站点，党群服务中心、新时代文明实践站、卫生室、邻里中心等服务设施的建设情况，村庄卫生保洁和环境治理情况。

住宅建设　记述关键时间节点农村住房建设变化，主要记述人均住房面积、房屋式样、建设用材、配套设施等。村志一般要记述村庄第一套楼房、第一套别墅等。

特色镇村建设　改革开放以来，以镇、村为单位的创建活动比较多，不同历史时期有不同的创建主题和创建重点，各项创建活动既相互独立，又相互联系。建议不必逐一记述各项以镇村建设为主题的创建活动，应选择一项对本镇本村影响较大的重点创建工作，予以侧重记述，其他事关镇村建设的创建活动可作概括记述。特色创建主要有小城镇建设、集镇改造、历史文化名镇创建、国家级和省级传统自然村落创建、江苏省重点中心镇创建、江苏历史文化名村创建、江苏省特色田园乡村创建等。

镇村以特色创建为载体，推进镇村基础设施、人居环境、产业经济、社会文化共同发展，特色创建各有侧重点，但是内容有交叉、有重复，视具体情况可列入镇村建设中记述，也可以列入其他章节记述。历史文化名镇创建应记入文化部类，但其中古街古巷古建筑、遗址遗迹的保护大多属于镇村建设的内容，文化部类应从历史与文化的角度记述创建活动，不再详细记述古街古巷古建筑、遗址遗迹保护的内容。

2017 年，江苏省启动特色田园乡村建设行动计划，至 2023 年，全省创建成省级特色田园乡村 752 个，各设区市也相应启动了特色田园乡村建设，市级特色田园乡村的数量更多。创建特色田园乡村是江苏省实施乡村振兴战略的重要举措，因此相应镇村志应注重突出环境卫生整治、田园风光建设、产业经济发展、乡风文明塑造的记述。特色田园乡村创建可设为特色篇目，侧重记述环境卫生整治、田园风光建设，产业经济发展与乡风文明塑造只作概括记述，具体内容可在经济部类、社会部类中重点记述。

镇村管理 可单独设节，也可并入其他相关节、条目中记述。记述农村建房规划与管理、农村土地的规划与管理、人居环境的常规管理、交通管理、农村集市或庙会的设立与管理。

第五节 政治部类的编写

镇志政治部类的内容包括中国共产党的基层组织、人大、政府、政协、群团组织、军事、政法等，村志政治部类的内容包括党的基层组织、村民委员会等内容，反映镇村政治文明建设的成就。政治部类是志书的重要组成部分，是遵循志书凡例所确定的修志指导思想的根本要求，是客观系统地记述镇村历史与现状的必不可少的内容。中国特色社会主义最本质的特征是中国共产党领导，中国特色社会主义制度的最大优势是中国共产党领导。中国共产党的领导是时代的最大特色，无论是从“全面系统”这一地方志记述的根本要求来看，还是从“地方特色”“时代特征”这两个地方志的创新要求来看，地方志必须记述党的领导、记好党的领导。

二轮市、县（市、区）志书政治部类与经济部类排列顺序并不一致，有的志书将政治部类排列在前，有的志书将经济部类排列在前，两种排列都有道理，方志界的专家学者也有研究争鸣。2007 年中国地方志指导小组印发的《关于第二轮地方志书编纂的若干意见》要求：“严格依照《地方志工作条例》的各项规定，客观系统地记述本行政区域时限内自然、政治、经济、文化、社会等各方面的情况，充分反映改革开放和社会主义现代化建设的历程，为存史、资政、育人，发展中国特色社会主义事业服务。”根据中国地方志指导小组的要求，建议镇村志将政治部类排于经济部类之前。

1. 中国共产党基层组织

乡镇党委、村党支部（党总支、党委）是党的基层组织，镇村志重点记述党组织建立发展过程、党员发展、历次党代会、党务工作、重要活动等。

组织建设　记述本镇本村党组织的创立与发展、组织机构的演变与沿革、所辖党组织的数量、各个时期组织机构的主要负责人、党员发展、党员教育等。记述最早在本镇本村开展党的活动的党员、本镇本村发展的第一批党员、最早创立的党组织。中华人民共和国成立后，乡镇党政机构一般随着建置区划的变化而变化，为了防止交叉重复，记述党政机构演变不再交代原因，直接记述乡镇党政机构名称变化。比如，建置区划中记述：1987 年 12 月 31 日，某某县某某乡撤乡建镇；党的组织机构中记述：1987 年 12 月 31 日，中国共产党某某县某某乡委员会改设为中国共产党某某县某某镇委员会，不再交代撤乡建镇这一背景，否则就与区划调整的内容重复。“文化大革命”期间，公社党政机构一度瘫痪，党组织先恢复为公社革命委员会党的核心领导小组，再恢复为公社党委；公社管理委员会被公社革命委员会取代。镇村党组织的沿革、党组织主要负责人的更替可以通过表格的形式来记述。镇村党组织建设要记述党员发展情况，各个重要历史时期以及下限之年党员数量，可以通过列表形式对各个历史时期党员的总数、新发展数、男女比例、文化结构、行业分布进行统计分析。合并而成的镇村要记述被撤并镇村的党政机构情况、党员情况。

乡镇党员代表大会（党员大会） 记述乡镇党员代表大会召开的次数、时间等概况，重要大会、会议作出的重要决策、决定等。党员代表大会有换届党代会和年会的区别，进行换届选举的乡镇党代会一般 5 年一次。党的十八大以来，部分地区已经推行乡镇党代会年会制，除了换届选举的党代会外，每年至少召开一次年会。

村一般召开党员大会。村级党组织为党委建制、党员人数达到规定要求的，召开村党员代表大会。志书应记述村党员大会或党员代表大会召开的概况、重要会议的概况等。

党务工作 党务工作包括组织工作、宣传工作、纪律检查、统一战线工作等。组织工作一般放在组织建设记述。

纪律检查记述纪检机构队伍、党风廉政建设、效能建设、违纪违规案件的检查与处理、纠治“四风”等。

宣传工作记述各个历史时期重要的宣传教育活动等。新民主主义时期的参军动员宣传、支前动员宣传，中华人民共和国成立后的抗美援朝运动宣传，改革开放后的“五讲四美三热爱”宣传、勤劳致富宣传、社会主义核心价值观宣传等。建议先记述宣传概况，然后择其重要、影响深远的宣传活动进行记述。

统一战线工作记述乡镇党委做好本地在外创业能人、出国和归国留学人员、海外侨胞和归侨侨眷工作的情况，引导非公有制经济人士支持地方经济社会事业发展情况，宣传贯彻党的民族宗教政策、开展民族宗教工作的情况，等等。

2. 乡镇人民代表大会

乡镇人民代表大会职责主要有选举乡镇人民代表大会主席团主席，选举乡镇长、副乡镇长，罢免不称职的乡镇长、副乡镇长，审查、批准、决定乡镇的国民经济和社会发展的规划、计划、财政预决算等重大事项，审议乡镇政府工作报告，监督政府工作等。

乡镇人民代表大会沿革 抗日战争时期，中国共产党在抗日民主根据地推行“三三制”组织原则，选举县、乡参议会，再由参议会选举产生同级政府委员会。解放战争时期，解放区的政权组织形式逐渐向人民代表会议过渡。中华人民共和国成立后，经历乡镇人民代表会议、公社社员代表大会、乡镇人民代表大会变化。根据资料可适当溯源记述。

历届人民代表大会 记述参会代表人数、会议次数、重要议题、乡镇人民代表大会主席团主席、副主席等。可先文字简单记述，再列表记述历届人民代表大会召开时间，选举产生的乡镇人民代表大会主席、副主席等。

代表议案和建议办理 记述历届乡镇人民代表大会上代表提出的议案和建议数量、类别等概况，主要记述议案及重点建议办理情况，概括记述一般建议的办理情况。议案和重点建议往往涉及当地经济社会发展、文化和生态建设的重要工作，要注意从议案和建议办理的角度记述，防止交叉重复。

代表视察调研 乡镇人大是离广大人民群众最近、最了解并最能反映民意的最基层的国家权力机关。代表视察调研是对政府工作，特别是民生工作的监督与推进。记述视察调研次数、视察议题、调研问题、专题视察等，重点记述视察调研的监督与推进作用。

3. 乡镇人民政府

政府机构 适当溯源记述抗日民主根据地、解放区的政权建设，记述中华人民共和国成立后的区公所、乡镇人民政府、乡镇人民委员会、公社管理委员会、公社革命委员会、乡镇人民政府等政府机构或相当于政府机构的演变经过。乡镇人民政府的设立与演变，各地具体实施时间略有不同。

中华人民共和国成立后，部分乡镇为区公所驻地，区公所为县人民委员会或县人民政府的派出机构，一般经历设立撤销、再设立再撤销的过程。如果乡镇驻有区公所，应对区公所作必要的记载；不是区公所驻地的乡镇可适当交代本乡本镇曾经被区公所管辖的情况。

机构改革 乡镇机构一度有七站八所之称，实际上远远超过此数，“站”主要有农技站、农机站、种子站、水利站、建筑站、经管站（经济经营管理站）、食品站、多管站（多种经营生产管理站）、兽医站、计划生育服务站、文化站、广播站（广电站）等，“所”主要有派出所、供电所、粮管所、房管所、土管所、司法所、环卫所、工商所等。“站”多为乡镇直属事业单位，“所”多为上级部门与乡镇共同管理的单位或上级部门垂直管理的派出机构。

改革开放后，乡镇机构经过多轮改革，乡镇党政机构设置采取委员（纪检委员、组织委员、宣传委员等）、助理（文教助理、计生助理等）制模式，区分公益性和经营性职能，整合公益性站所，综合设置数个服务中心，对经营性站所实现企业化改革。经过多年改革试点，2020年，江苏省以转变乡镇职能、强化服务型政府建设为目标，对乡镇党政机构实行较大幅度改革。乡镇一般合并设立 7—10 个机构，主要有党政办公室、党建办公室、经济发展办公室、农业农村办公室、社会事务办公室、社会治理办公室、政务服务中心、综合执法队等，各地根据经济社会发展的实际情况设置不尽相同，有的地区称“办公室”，有的地区称“局”，还有的地区称“中心”。

机构改革建议集中、简要记述乡镇党政机构的设立、改革和演变情况，其他章节条目不再记述。建议记述每一项专门工作、专项事业时不再记述其管理机构。

政务服务中心（行政审批服务中心、便民服务中心、村民服务中心）。记述设立时间、行政审批和服务职能、集中承办的事项、限时服务措施等。过去群众办事东奔西走，现在只要一个窗口，这是机构改革带给群众最大的实惠，也是时代发展的重要特色。

村民服务中心（便民服务中心）记述何时设立、代理服务（比如缴费、办证）、承办村民各项行政审批事项的前置事项，记述服务中心提供的文化服务、医疗服务、养老服务。

政府工作与施政辑要　乡镇志一般设有政府工作或事务管理、施政辑要或重要施政等条目。乡镇政府的工作主要有实施改革开放、发展经济、推进镇村基础设施建设、发展科教文卫事业、实施社会保障、开展精神文明建设、推进民主法治建设等，这些内容在全志其他章节中均得到充分体现，容易形成交叉重复。施政辑要所记述的重大活动、重大项目、重要成就，大事记中要记述，其他章节中也要记述，易形成多处重复。

施政辑要与党委的重大决策是对应的，党委作出决策，政府组织实施。建议不设政府工作、施政辑要条目。可以从决策的角度，在中共基层组织中予以记述，而具体实施情况在其他各章节中均有充分的记述，此处不再概括性、摘要性记述。

4. 群众团体

乡镇设有共青团、妇联、科学技术协会（科学技术普及协会）等人民团体，部分经济较为发达的乡镇设有工会、工商联（商会），部分乡镇设有红十字会、文学艺术界联合会。乡镇机关、企事业单位一般设有工会。部分乡镇还根据经济和社会发展的需要，设有各类老年团体、经济开发协会、企业家联谊会等。

镇村志可视具体情况采用不同的记述方法，如果群众团体较多，可以将群众团体分类记述；如果群众团体较少，可直接以群众团体名称设条目记述。

工人组织 记述本镇本村工人组织创立时间、演变发展情况；机关、企事业单位工会概况、工会会员数；工会组织的职工教育、劳动竞赛、技术创新、文体表演竞赛等主要活动；维护职工权益，推荐劳动模范与先进生产者；工会会费与职工福利；等等。

青少年组织 主要记述共产主义青年团、少年先锋队的创设、演变，各个时期的组织数与人数，各个时期主要活动，重大活动中发挥的重要作用等。可适当溯源至中华人民共和国成立之前本镇本村进步青年团体，比如中国共产党领导的青年救亡会、青年抗敌同志会（青抗会）、儿童团等。

妇女组织 记述本镇本村妇女组织的创立、沿革情况，妇女儿童维权工作，妇女教育团结引导工作，巾帼建功、巾帼创业等竞赛活动，妇女先进典型宣传表彰等。

农民团体 镇村志要挖掘、整理、记述农民团体。大革命时期，江苏许多县创建了中共党组织，党组织发动成立农民协会（农会），开展农民运动。抗日战争时期，抗日民主根据地建有农抗会（农民抗日救国会、农民抗敌协会），各地解放后及中华人民共和国成立初期县、乡、村建有农民协会，1964 年左右至 1980 年左右设有贫下中农协会，改革开放后各地建有农民经纪人协会以及各类养殖协会、种植协会等。关于农民团体，县志记述很少甚至没有记述，镇村志应予以记述。这是镇村志的职责所在、特色所现。

其他团体　比如商会、五老协会，可以单独立目，也可综合记述，记述创立经过、发展演变、主要活动、主要作用、主要成就等。

5. 法治

社会治安　社会治安综合治理记述打击犯罪、预防犯罪、法治教育、严打整治、防控体系建设、群防群治、网格化管理等。平安建设记述预防和化解社会矛盾，打击犯罪和敌对势力的渗透破坏活动，社会治安防范、社会管理，社会治安综合治理基层基础工作，加强法治宣传教育和民主法治建设工作。治安防范记述治安宣传、户籍管理、暂住人口管理、治安检查、技术防控网络建设、110 警务与出警、公共场所管理、特种行业管理、社会服务紧急联动等。

社会治安综合治理与平安建设的内容有交叉重复，两者与治安防范的内容也有交叉重复。建议综合治理与平安建设主要记述开始时间、序时经过、领导体制与工作机制，概括记述主要措施和成效。治安防范侧重记述治安管理措施和成效。

人民法庭　县人民法院在少数乡镇设有人民法庭，系其派出机构。记述设立时间与沿革，工作人员数量，各个历史时期年均受理、立案、审判案件数量，案件的基本分类，影响较大案件的审判，以案释法法律宣传等。

司法行政　记述普法宣传、人民调解、安置帮教与社区矫正、法律服务、各级民主法治示范村创建等。注重记述涉及本镇本村的行政执法工作，以案件的形式记述，比如查处非法行医案、制售假农药假化肥假种子案、非法捕捞狩猎案、侵占破坏耕地案、违章建房案、破坏环境案等。

6. 军事

驻军 记述民国以前驻军情况，民国期间的军阀部队、国民党军队、日伪军驻扎情况，解放后人民军队驻军情况。

地方武装 概括记述民国时期的国民党地方武装、地主恶霸武装，重点记述人民武装。土地革命战争时期的人民武装有红军游击队，抗日战争、解放战争时期各县警备大队、县警卫团、县独立团下设的区游击队、区队，乡村设有民兵组织，中华人民共和国成立后的民兵组织。中华人民共和国成立前的地方武装的活动主要记述参战、支前以及上升补充主力部队等情况，中华人民共和国成立后的民兵主要记述组织建制、军事训练、生产建设、参与社会治安管理、抢险救灾等。

兵役工作 记述抗日战争时期、解放战争时期参加人民军队的情况，中华人民共和国成立后乡镇人民武装部的设立、征兵工作、预备役工作等。村志建议在人物传中设本村参军人员名录。

战事 据实记述在本镇本村发生的战斗。重大战斗、战役概括记述整体战事，侧重记述与本镇本村相关的重点内容。可单独记述，也可与驻军合并记述。

第六节 经济部类的编写

经济部类重点记述镇村经济发展的历史与现状。改革开放后，党和国家以经济建设为中心，志书中关于经济建设的内容应充分，除了分类记述农业、工业与建筑业、商贸服务业，建议在经济部类前设镇村“经济概况”（经济总览、经济综情等）。经济部类可在“经济概况”中记述改革开放概况，可在各章之中记述相应的改革开放措施，也可在经济部类之后设“改革开放”，集中记述改革开放的内容。其中以在各章之中记述相应的改革开放措施较好。

镇村志的经济部类要突出记述各地的主业，不必面面俱到，平均用力，没有多少内容可记的可以不设条目或合并。镇村各业视具体情况选择记述方法，成体系的分类记述，比如农业、乡村旅游业、物产美食等；规模较大的单一产业记特色，比如一镇一品、一村一品、印刷之乡、建筑之乡、白酒之乡、小提琴之乡、不锈钢之乡、各类种植养殖之乡以及电商村、编织村、刺绣村、家宴服务村、各类种植养殖专业村等，可以升格记述，彰显特色。多个规模较小的产业、行业可以集中概括记述，比如修理、废品收购等。

根据镇村的实际情况，特别是村的实际情况，镇村志可以把经济部类概念性的条目改为实体性条目。比如服装业特别发达，镇村志可以设一章“服装”记述；服装业一般但又有几个服装企业，镇村志可以设一节“服装”记述；全镇全村工业一般仅一家规模不大的服装企业，镇村志直接以企业名称设节记述。

1. 经济概况

记述各个历史时期镇村经济规模总量、所有制结构、三大产业结构、主导产业概况、特色产业概况等。改革记述家庭联产承包经营责任制、农村集体产权制度改革、土地流转适度规模经营等，记述国有、集体工商企业产权制度改革、关停并转、破产重组等改革，记述涉农商贸流通、购销体制改革。视资料情况溯源，无法定量记述的内容可作描述性记述，资料较多的企业改革可以用专记、附录形式记载改革的经过。

志书记述动态的发展过程，而非下限之年的静态发展结果，不能仅作数据统计，记述经济要体现经济发展的脉络与规律。

2. 农业

农业记述种植业、养殖业、农业机械、农田水利等内容。沿海地区的镇村志可设海洋渔业章节。农业科技、农业服务可集中记述，也可以在各节之中记述。建议视具体情况，从高效农业、观光农业、特色农业、绿色农业、无公害农业中选择其中之一作为特色篇目记述。

种植业 粮食生产根据当地主要粮食品种分类设条目记述，记述水稻、小麦、玉米等主要粮食作物各个时期种植面积、品种、单产、总产量等。经济作物生产记述各个时期花生、大豆、油菜、棉花、药材等种植面积、品种、数量、效益等。蔬菜生产记述本镇本村蔬菜生产的发展情况，从面积、品种、设施（蔬菜大棚）、效益等方面记述。林果花卉苗木桑茶等，记述种植面积、品种、效益等。种业记述制种基地、良种繁育、种子供应、集中育苗等。耕作制度记述历史上沤改旱或旱改水情况，一年一熟向一年两熟、一年多熟的变革、轮茬套作等。

特色粮食生产、蔬菜生产、林果花卉苗木桑茶生产、特色小杂粮生产、良种繁育等如有一定的生产规模或品牌影响，可升格设节甚至设章记述。

养殖业 畜禽养殖分类记述畜禽养殖品种、数量、养殖专业户、特种养殖、养殖企业等情况，建议重点记述当地传统大宗养殖和特色养殖业，概括记述一般情况，对生猪、羊、鸡、鸭等大宗畜禽多年的养殖规模、效益变化应作重点记述。蚕桑业记述桑园种植品种与面积，春蚕、夏蚕、秋蚕的养殖数量、养殖效益等。

渔业生产记述传统四大家鱼养殖、特种水产养殖、稻田养殖、滩涂养殖、海水养殖、规模养殖企业、渔业捕捞等，记述种苗繁育、养殖品种、养殖面积、养殖方法、养殖效益等。

高效农业 记述观光农业、休闲农业、生态农业、特色种植业、特色养殖业、设施农业等，记述全国“一村一品”示范村镇建设、江苏省“特色农业小镇”建设、地理标志农产品等。高效农业注重特色农业的记述，记述独有的农业品种、独有的生态环境、独有的生产方法、独有的生产经营方式（比如采摘园）、独有的品牌影响力（大型商场超市以及电商平台的农产品供应基地）等，注重编写出高效农业人无我有、人有我优、人优我特的生产优势、品质优势。

农业管理与服务（农业科技）　记述良种、良法的引进与推广，各个历史时期农业技术培训，种子化肥农药的供应与管理，植保服务、养殖业防疫治病、绿色农产品管理，农业科技企业、农业服务体系等。

农业机械　镇村志可以设立专门的节、目记述传统农具（可作为特色节）。记述农机装备的发展与水平（全镇全村第一座机械抽水站、第一台机械动力脱粒机、第一台拖拉机等）、农机作业普及历程（机耕、机种、机收、机械排灌）、机械跨区作业（外地机械进入本区作业，本地机械外出作业）、农机管理与安全等。

农业产业化经营　记述农业产业化龙头企业，农业生产基地的规模与辐射带动农户数，订单农业，农业专业合作社、家庭农场，农民经纪人队伍及经销情况，企业化养殖基地、企业化种植基地，等等。

上述各节可视具体情况设立，可升级，可降级，也可合并。农业生产分类较多、较细，建议对共性的农业内容作简单记述，对本地特色农业生产作重点记述，做到不缺要项、不断主线、突出重点。面积小、耕地少的镇村，郊区型镇村，城镇化率极高的镇村，可将农业与水利合并记述。土地全部被征用的镇村可以简要记述农业生产的历史情况。

3. 工业与建筑业

各地工业发展情况不同、工业经济发达程度不一样，镇村志工业部分差别较大。镇村志工业部分要立足本镇本村的实际情况，适当溯源记述具有地方特色和历史影响的传统手工业。现代工业经济行业分类较多，应尽可能将同一行业的工业生产集中记述，并提炼特色篇目。工业经济发达镇村，往往至少有一种工业主导产业，可以按工业门类设章或设节，将门类相同或相近的工业生产集中记述；镇村之内单一且有一定影响的工业企业，无法归并，可以直接以企业名称设目记述；一镇一村仅有数个工业企业，且相互并无关联，也可以分别以企业名称设节记述。

工业生产经历了手工业、机器大工业、现代工业发展阶段，乡村有大量亦工亦农的工匠和农民工。除了在人口的职业结构中予以记述外，应在经济部类工业和商业两章中记述手艺人和农民工。镇村志要记述好手工业，以社会调查或全村普查的形式统计各类工匠、外出务工人员资料，从工匠的角度溯源记述手工业的发展演变情况、从业人员数量、收入等现状。

手工业　记述本地影响较大、传承已久、已经消失或者正在消失的手工业，比如铁匠、篾匠、箍桶匠、织布匠、漆匠等，记述从业人员数量变化、工作方式的改变、产品等。记述手工或半手工刺绣、针织、木雕、玉雕、竹编、柳编、藤编等手工业的组织形式、从业人员数量、产品、效益等。特别有影响力的手工业可以单独设章记述。也可以从文化的角度记述传统手工业。

现代工业　记述分布较广、乡土气息较浓的农副产品加工业，包括粮油加工、食品加工、饲料加工、酿造业、脱水蔬菜加工、调味品加工以及缫丝、轧花、纺织、制革、制鬃等。记述机械工业、电子工业、化学工业、五金配件加工业、服装工业、玩具制造业、冶金工业、印刷业、包装材料业等现代工业，从概况、规模、产品、效益、企业、技术创新等角度记述，记述好规模企业、代表性企业、代表性产品等。建议不以工业分类订纲立目，根据实际情况订纲立目。

已经出版的镇村志工业经济部分的编写多有创新。泰州市靖江市新

江苏溧阳 夏日田园

江苏南京 明清建筑群

桥镇工业经济发达，制造业种类较多，《新桥镇志》设“特色产业”篇，下设特种泵阀制造业、先进金属材料制造业、压力容器制造业、环保设备制造业、厨卫电器制造业、服装加工业等章，分类记述。南通市海门区《常乐镇志》设经济概述记述工业经济概况，另外单独设立“百年颐生”“红木之乡”两个特色篇目。“百年颐生”设“百年历程”“传承保护”“经典产品”3个分目，集中记述南通颐生酒业有限公司；“红木之乡”设“产业发展”“红木精品”“传承保护”3个分目，集中记述红木加工这一传统产业。盐城市东台市《富安镇志》设“中国茧都”“智能印机”两个特色篇目，彰显富安镇的工业经济特色。泰州市海陵区《华港镇志》设“汽摩小镇”特色篇目，下设“发展历程”“拳头产品”“科技创新”“骨干企业”，记述该镇汽车、摩托车零配件生产、创新、销售的情况。徐州市贾汪区《马庄村志》设有“马庄香包”特色篇目，下设“香包种类”“香包工艺”“香包推广”3个分目，记述马庄香包手工业。

工业园区（工业集中区）　记述工业园区设立时间、发展沿革、面积、入园企业、配套设施建设、产业特色、园区企业、工业产品、招商引资、历年工业产值等。

建筑业　记述镇村建筑企业设立时间、发展沿革、企业改革、施工业绩、承建重点工程、用工情况等。记述本镇本村包工头组织发起的建筑队、瓦工队、木工队、装潢队、打井队、水工施工队等各种个体施工队的数量、技术工人数、劳力用工数、承揽业务的形式、在各地的施工概况。这些个体施工队吸纳了较多的农村劳动力，特别是没有技术的劳动力。可以通过抽样调查形式，分析他们不同时期的收入，占家庭总收入的比例等。

农民工和农村工匠身份比较特殊，他们从事工人的工作，或者亦工亦农，但是又被看作农民。镇村志应通过各种形式记述本镇本村打工人员的情况，在人口职业结构中记述，在相关经济章节中记述。同时记述外地在本镇本村的打工人员及其工作情况。

采矿业 视具体情况设目记述。主要记述位于本镇本村的采矿企业、开采矿种、开采规模、经营效益、企业用工等。

电力工业 视具体情况设目记述。记述位于本镇本村的燃煤发电、天然气发电、太阳能发电、风力发电企业或项目，及其发电规模、输变电设施、运行效益等。

4. 商贸服务业

镇村志的商贸服务业，要挖掘资料，记述历史上的集市，记述中华人民共和国成立后统购统销的国营商业、粮油购销、物资供应、供销合作四大商业及其镇村网点，记述改革开放后的个体私营商贸服务业，记述生活性服务业、生产性服务业和商务服务业，记述物产美食。商贸服务业要防止只记现代不记传统，或者只记生活性服务业而不记其他服务业。商贸服务业可以设立特色章，比如记述百年老店、特色集市、专业市场、电商专业村等。村志视具体情况，可以分类记述集市摊点、商店超市、家政服务（比如婚丧嫁娶服务、家宴服务）等。

零售商业 记述镇村零售业发展概况，零售业及网点的设立、变化（集市、国有商业企业、集体商业企业及网点、个体私营商业企业）以及经营业态的变化（摊点、店铺、商店、超市、专卖店等），各个历史时期零售业经营的主要商品，计划供应以及烟草等专营零售。村志直接记述中华人民共和国成立后的供销社、供销点、代销点，改革开放后设立的个体零售商店、超市等。近10年来，一些地区走村串户的游商较多，应作为商业形式或现象一并记述。

物资购销 记述粮油以及棉花、生猪、其他畜禽、禽蛋、蚕茧、林果、水产品等农副产品的购销企业及沿革，购销品种、购销方法、收购数量、价格变动等，简单记述计划经济时期、市场放开后镇村物资及生产资料供应情况。记述市场放开后的粮油、生猪、肉鸡等产品的购销。如镇村设有加油站，记述成品油经营情况。

交易市场　记述传统的交易市场，包括镇村集市，各种传统的专业市场、集市，比如粮行、猪行、苗猪行、蛋行、牛市、羊市、木行、竹行等；记述改革开放后新兴的各类市场，比如小商品批发市场、服装批发市场、五金建材市场、蔬菜批发市场、旧货市场、二手车市场等。如果有专业特色市场，可以设立特色篇目记述。

金融保险　镇村志的金融保险视具体情况而设，主要记述本地金融机构及其业务，农民的存款贷款，商业保险代理机构及其推销，金融对本地经济、农业生产的支持，非法金融事件的处置，等等。

记述金融机构。简单记述本地金融机构成立的时间、发展演变、储蓄情况、贷款情况等。记述本地金融合作机构、互助机构、小额贷款担保公司等机构的设立、规模、融资服务等。记述金融机构对农业农村经济的支持。

记述个人储蓄。建议以抽样调查的形式，以家庭为单位，统计储蓄情况及与家庭收入占比，记述储蓄情况的变化趋势。镇村群众个人储蓄大多就近存储于邻近大集镇或县城的金融机构的业务网点，不能仅凭本地金融网点提供的统计数据来记述群众的个人储蓄。

记述金融管理。立足于本地，记述金融诈骗、个人非法集资、企业非法集资等金融事件及其处置结果，记述本地农村金融服务社、农村合作基金会的处置，记述金融诈骗事件的防范宣传。

记述商业保险。记述在本地设立的保险机构及其分支机构或代理网点、推销队伍、保险业务（财产保险、人寿保险）。可以抽样调查的形式，统计群众购买商业保险的情况。

房地产业 镇村志视具体情况记述房地产业，经济发达、房地产业发达的镇村应单独设章记述，一般镇村可将房地产开发并入镇村建设中记述，将房产销售与房产中介并入服务业中记述。房地产开发记述要处理好与镇村建设、土地资源管理等章节的交叉重复。房地产开发记述乡镇房地产业的发展变化情况，开发的项目、面积、套数等概况，改革开放以来房价变化情况。记述土地的征收、拆迁、安置、补偿等，商品房开发、商业用房开发、旧房改造、保障安置房建设等。记述房地产销售以及二手房买卖、房屋租赁等中介情况。

运输物流 可以与交通合并记述，也可以将运输业单独设章记述，记述客运、货运、快递物流等情况。视具体情况，客运记述本镇本村的县乡汽车客运、长途汽车客运、镇村公交、水上客运、铁路客运的线路、班次、运力等，记述出租车运输以及历史上曾经的人力、畜力运输等。货运记述铁路货运、汽车货运、水上货运、大宗物流、远程联运、装卸搬运、仓储等。快递记述快递网点、业务量的变化等，可通过抽样调查统计镇村居民年均寄送和接收快递的数量。

电子商务 视具体情况而设，可以与运输物流中的物流业合并记述，也可以从电商村、某一有影响的电商产品的角度，比如销售水果、农副产品、手工业制品等，记述网上销售数量、经营户数等情况。

旅游业 旅游业视具体情况可以设立特色篇目。镇村旅游业记述镇村旅游景区、景点、线路、特色项目的开发建设，旅游品牌的策划打造，旅游业务的宣传推介，特色旅游节庆活动，交通、住宿、导游等旅游接待服务能力建设，旅游业对本地就业、农副产业销售促进与带动情况，游客数及经济效益，等等。村志还可以记述近年兴起的农家乐、民宿等。

生活服务业 主要记述住宿业、餐饮业、洗浴、理发、修理、文化娱乐、婚庆服务等。生活服务业要记述历史的变化，注重各个历史时期的特色，记述各个行业的经营户数、规模、效益等。餐饮业记述酒店、酒楼、早餐店等的创设时间、经营特色、经营规模、经营效益，记述快餐企业、餐饮摊点、外卖企业和从业人员数量。洗浴、理发、修理业记述行业的发展变化、从业人员等。文化娱乐业可并入文化部类记述，也可在生活服务业中记述，视具体情况而定，但是两者记述的角度不一样。

商务服务业　镇村的商务服务业与当地经济发展情况关联比较紧密，往往经济发达的地区商务服务业相应发达。镇村志视具体情况记述。主要记述评估、认证、公证等公证性服务业，工商税务注册、会计、律师、专利、商标等代理性服务业，信息咨询、教育培训、广告会展、职业介绍、婚姻介绍、典当、拍卖等信息技术服务业。镇村服务业只能大体分类，集中概括记述某一类服务业、从业人员等，也可以直接记述某一机构，比如律师事务所、典当行等。

服务业可以视具体情况适当归并，比如上面所述房产中介，如果本地房产业不发达，可以将房产中介并入商务服务业中记述。

服务业集聚区　记述商业街、特色街、集镇商贸区等。特色街一般记述服装一条街、美食一条街、烧烤一条街、农具一条街等。集镇商贸区记述小型商业综合体、小商品批发市场、服装批发市场等。历史文化名镇等可以结合旅游业，记述老字号一条街、历史上形成的商业街区等。

特产美食　特产记述本镇本村的土特产、手工艺制品，注重处理好与农业生产、食品生产、手工艺品加工的交叉与重复，侧重于从商品销售的角度来记述其市场影响力、销售量。美食可与酒楼、酒店等合并记述，也可以单独设目记述，侧重记述以加工本镇本村农副产品为主，区域特色鲜明、具有较长历史的美食，包括农家小吃、特色糕点、特色菜肴等，近年来大量涌入本地的外来美食不建议记入专设的美食条目。

5. 经济综合管理

镇村志根据具体情况设经济综合管理章节，内容可详可略，一般设有财政、税务或税费、工商物价、统计、审计、土地资源管理，也可视各地具体情况将相关内容合并记述，比如财政与税务合并。

财政 记述乡镇财政体制的沿革、财政收入、财政支出、财政管理等。中华人民共和国成立后，逐步建立乡级财政，县对乡实行收支两条线的财政管理体制。人民公社实行以“财政包干”为主的农村财政管理体制。1983年，政社分设后，按照“一级政府、一级财政”“统一领导、分级管理”的原则，县与乡镇财政“分灶吃饭”，乡镇实现“乡财乡管、财政包干”体制。村提留和乡统筹增加农民负担，乡镇财政收入一度与农民负担有较大关联。2001年，江苏省实施乡镇财政管理体制改革，并逐步实现乡财县管，县政府直接管理并监督乡镇财政，核定乡镇财政收支，对超计划收入按一定比例分成。乡镇财政以收定支，自求平衡，但各地具体实施情况并不一致。财政收入与支出可以文字概括记述，列表记述。乡镇财政管理记述收支管理、预决算管理、村级财务管理、村级财务公开等。

税务 简单记述机构设立、沿革、国税地税分设。记述工商税、农业税、土地使用税、耕地占用税以及各种基金征收、税费代征等情况。农业税还要记述农业税附加、农林特产税，农民承担的“三提留、五统筹”各种费用情况。“三提留”指由村收取的公积金、公益金和管理费；“五统筹”指乡镇征收的计划生育、优抚、民兵训练、乡村道路建设和教育附加的费用。2005年，江苏省比全国统一要求提前一年取消农业税，“三提留、五统筹”随之取消。

工商物价（市场监管） 工商部分记述乡镇工商登记与管理、营业执照的申请与年检、市场监管、农贸市场建设与管理、打假维权、公平交易等。镇村志物价部分简述中华人民共和国成立后政府定价到价格逐步放开再到市场定价的价格体制的变化，记述价格管理情况以及对乱涨价、哄抬物价的查处等。

统计 记述本地统计队伍、农业调查，农业、工业、商贸服务业普查，经济普查、住户调查、人口普查等专项普查。

审计 记述财政审计、村级财务审计、乡镇事业单位财务收支审计、涉农专项资金审计、集体资产或集体企业审计等。乡镇审计主要是监督性审计。

自然资源与规划管理 记述乡镇土地利用总体规划（乡镇土地保护利用总体规划）的编制、修订及其主要内容，记述各村土地利用规划、耕地保护规划；记述相关土地利用专项规划、矿产资源开发利用专项规划。镇村耕地保护记述永久耕地红线的划定、永久基本农田保护、土地复垦与耕地占补平衡等。地籍管理记述土地调查、土地登记、集体土地确权登记发证等。建设用地管理记述国家建设用地、农村建设用地（集体和农民生产、生活和公共设施、公益设施用地）、工矿企业用地的供应管理、征用管理等。部分乡镇记述矿产资源管理、水资源管理、林业资源管理等。

随着机构改革，过去多个部门的职能集中到一个部门，比如工商、质监、药监、物价、反垄断的相关部门和有关部门的职能合并组建成市场监管部门。过去相关行政管理部门机关在乡镇设有站、所或分局，现在往往只在邻近的几个乡镇中设一个分局，比如税务分局、市场监管分局，还有部分机关的职能进入了行政审批中心（便民服务中心）。建议镇村志因事设类，不再按传统的部门设类，将相关内容适当合并至经济综合管理类。

第七节　文化部类的编写

文化部类包括科技、教育、文化、卫生、体育等内容，一般简称“科教文卫体”。但是根据镇村的实际情况，教育、文化、卫生需要记述的内容较多，是记述的重点。科技可以单独设章，可以与教育合并记述，也可以分散于其他章节中记述，比如农业章、工业章等。体育可以单独设章，也可以与教育或者文化合并记述。乡土文化、乡村教育是镇村志的特色，可以根据各地的具体情况设为特色篇目记述。

1. 教育

教育应记述本镇本村的教育历史、学校设置、教师学生、成人教育等情况，记述教育发展变迁、办学体制改革、学校设立与撤并、在校学生数变化、教育成果等。镇村志还应记述代课教师、民办教师、学区房、家长陪读、补课等各个历史时期特有的教育现象。如有资料，可适当记述农业中学、农村学校的忙假。

教育发展与改革（教育历史）　视资料情况适当溯源，记述本镇本村历史上的私塾教育情况，民国时期学校、学堂的设立、变化情况，中华人民共和国成立后幼儿园、初小、小学、教学点、初中、高中、农业中学、职业中学的设置沿革、撤并情况，各个历史时期在校学生人数、教师人数，下限之年镇村学校的布局、班级数、在校学生数、教师数等概况。

记述镇村教育办学体制的改革。民国期间，公办学校一般称作县立学校；中华人民共和国成立后，县办学校一般称作公办学校，相对于公办学校而言，公社（乡镇）、大队（村）所办的学校一般称之为民办学校，记述这类学校由民办教育向公办教育过渡的情况，记述这类学校由民办体制向公办体制转轨的改革，即学校由谁建、经费由谁出、教师工资由谁发。记述改革开放后公办学校创办的民营性质的校中校、公有民办学校，个人投资创办的学校，机关、企事业单位、社会团体创办的学校，这类学校一般称之为私立学校、民营学校、社会力量办学，记述其创办、发展、管理、合并、撤销等情况。记述镇村学校纳入教育集团管理的相关情况。

记述学校布局调整的情况。有的村曾经设有学校，有的村没有学校。村志记述历史上曾经设立的学校，各个历史时期住校、走读的不同情形。学校撤并后，一般一个乡镇只保留 1—2 所义务教育阶段学校，记述本村学生在本镇就读情况、到县城就读情况，家长接送学生、陪读情况。

以上内容可以集中记述，也可以分散于各个条目中记述。可以从学校的角度来记述幼儿教育、小学教育、初中教育、高中教育，也可以从幼儿教育、小学教育、初中教育、高中教育的角度来记述本镇本村的学校。

学校　旧学适当溯源学塾教育，记述本镇本村的学堂、私塾、学馆、家塾、义学、义塾等旧式教育场所、创办者、塾师、学生等情况。如有资料可单独设为一节记述，也可并入其他条目中简单记述，一些旧式教育场所是现代学校的源头，可以在记述现代学校时适当溯源记述。

幼儿教育记述幼儿园设立、发展、演变情况，师资队伍、学制变化、幼儿入园率等。

小学教育记述民国时期公立小学、个人创办学校的发展沿革，记述中华人民共和国成立后的小学教学点、初小、完全小学、中心小学、实验小学等，各个历史时期教师数、学生数等。

初中教育记述镇村初级中学设立、演变、撤并、发展情况，各个历史时期或关键时间节点、下限之年的班级数、教师数、学生数、教学质量等。近年，大量初中生集中到县城重点初中求学，乡镇初中在校学生数量趋少，应记述在校生人数的变化情况，高中指标生招生计划对镇村初中教育均衡化发展的影响。记述本镇本村初中生考入高中、职业学校的相关情况，改革开放后至 2000 年左右，还应记述考入中专学校的情况，当时是先中专录取，然后才是重点中学录取。

高中教育记述本镇高级中学设立、演变、发展或撤并情况。历史上县属中学、镇办中学、农业中学设有初中部、高中部，后来撤销农业中学、镇办中学，多个乡镇的高中撤并为一所高中学校，各校的初中部与高中部分设。记述高中的办学规模、教学质量、江苏省星级中学评定情况、学制变化、知名教师和知名校友等。

职业中学教育视具体情况而设。改革开放后，部分乡镇高中改设为职业学校，面向一县或数县招生，后来逐渐撤并为一县的职教中心或职教中心学校。记述设立、发展、撤并情况，办学规模、专业设置、办学特色等。

成人教育　记述农村夜校、冬学班的文化学习、扫盲教育，乡镇举办的各类技术培训班、就业创业培训班等，企业常设的各类职工培训班等。

教师　记述镇村教师概况。视资料情况，适当记述代课教师、民办教师、公办教师的关系及变化，记述20世纪八九十年代教师接受函授教育、县教师进修学校教育的情况。

2. 文化

文化是一地之魂，造就了一镇一村的人文历史和地方特色。镇村志应重点挖掘、整理、记述文化内容，特色乡土文化可以设置为特色篇目予以记载。文化有广义和狭义之分，镇村志中记述的文化是狭义的文化，包括文化设施、文艺团体、文艺创作、历史文化、文物遗址、非物质文化遗产等。镇村志的文化部类可以从历史文化发展、演变、传承、影响的角度记述文化发展的历史和现状，可以从文化设施的角度来记述文化事业发展。

文化设施　建议简单记述镇村文化设施，比如文化站、广播电视站、图书馆、纪念馆、村史馆、各类私人展览馆、电影院（影剧院）、录像室、

福建漳州 田园日落

陕西汉中 新农村景象

书报亭、书店、游戏室等设立、经营、演变情况。一些不便单独设立条目记述的文化内容，可以从文化设施建设的角度来记述，比如从广播电视站的角度记述曾经的农村有线广播，从电影院的角度记述乡镇电影放映队、农村露天电影，从录像室的角度记述曾经影响一代人的乡村录像放映与管理，从图书馆以及新华书店、私人书店、书报亭的角度记述图书阅读与消费等情况。

文化团体　视具体情况设立条目，记述镇村、企业和民营的各种戏剧演出团体及其演出活动、主要演出剧目等，记述镇村文艺宣传队、秧歌队、舞蹈队的发展变化、主要活动等。一般从简记述概况，重点记述文化团体的活动。活跃于乡村的地方音乐、戏曲等演出团体侧重记述演职人员情况，演出节目的创作与经常演出的节目，对传统地方音乐、戏曲的整理与传承，年度演出量、外出演出活动等，如果影响较大，可升格记述。

比如徐州市贾汪区《马庄村志》设“马庄农民乐团”目，下设乐团发展、曲目创作、演出活动 3 个分目。“乐团发展”下设农民铜管乐队、马庄农民乐团 2 个条目；“曲目创作”下设歌曲、乐曲、舞蹈、小品、快板 5 个条目；“演出活动”下设国内演出、国外演出 2 个条目，国内演出、国外演出每个条目下再设若干子目。

附：《马庄村志 · 马庄农民乐团》序

马庄农民乐团有着历史渊源与延续传承。清朝中叶风靡马庄的小包会、50 年代话剧团、60 年代中期和 70 年代业余文艺宣传队，成为马庄村文化传承不息的重要载体。80 年代末，马庄村组建苏北第一家农民铜管乐队。90 年代初发展壮大成为农民乐团。30 年时间里，马庄村清一色农民，用拿过镰刀、锄头之手，拨弄着西洋乐器，演农村事、道农民情，寓教于乐，传播先进文化，把主旋律、正能量带到田间地头、乡村集市、城市大舞台，乃至过江进京，漂洋过海，5次登上中央电视台演播大厅，10余次被中央电视台专题报道，2次受到中宣部、文化部表彰；应邀赴欧、赴日演出并获奖，与俄罗斯、加拿大、法国、奥地利等国家和地区艺术团体进行30余次交流。在30年发展中，农民乐团与时俱进，演出7000余场次，奏出一曲马庄和谐文明之歌。

文化活动 记述镇村的群众文化演出、诗会、歌会、送文化下乡、戏剧惠民巡回演出，活跃于乡村的小戏班的演出、鼓书艺人的巡村演出、春节等重要节日期间的节庆活动，乡村大舞台演出、庙会巡游活动、书画摄影展、送春联下乡、民间杂技、元宵灯谜会等各种文化活动，重点记述常态化的特色文化活动，概括记述其他各类文化活动。

乡土文艺 记述镇村文学、绘画、书法、摄影、雕刻、刻纸、塑像、刺绣等文艺创作活动，记述民间歌谣、民间故事、民间传说等民间文学的流传、征集、整理情况，记述舞龙、舞狮、打莲湘、唱道情、数来宝、唱凤凰等民间歌舞的演出情况。视具体情况，记述本镇本村有一定影响力的民间文艺及其代表人物以及民间文艺的传承保护情况。重点记述以绘画、雕刻、刻纸、塑像等传统艺术为产业的专业村，或者升格记述。

民间文艺可单独设节记述，也可与文化活动合并记述。一般镇村志设有附录、艺文辑录，选录本镇本村人士创作的诗歌、小说、散文、书法、绘画等作品，小说、散文较长的可节选收录。历史悠久、文学创作较多的镇村，可列表收录本籍人士的作品目录。

文物 记述本镇本村的古迹遗址、各类文物的出土与收藏、石雕碑刻、古宅老街、古桥古井古圩堤、古墓古墩古寺庙等。视资料多少，可分类记述，也可侧重记述重点、概括记述一般。部分镇村文物较少，可在镇村建设等章节设置条目记述。有些镇村志将可在上述内容的基础上加上“古树名木”，设立“名胜古迹”“千年古镇”“千年古村”等特色条目。

红色文化　新民主主义革命时期，中国共产党成功开辟了农村包围城市、武装夺取政权的革命道路，部分乡村是中共党组织在一县的最早成立地，是一县农民运动的策源地，是一县甚至数县红军游击队的发源地，是抗日战争期间人民军队的根据地，是解放战争时期的解放区，是重要战斗的战场，是重大会议的召开地，是人民军队的驻扎地。视具体情况，如果红色资源丰富，可征集、挖掘资料设立“红色文化”特色篇目，记述一镇一村的红色遗址遗迹、重要革命活动、重要战斗、革命精神传承、革命纪念设施、红色纪念活动等。

非物质文化遗产　直接设目记述被列入各级保护名录的非物质文化遗产，概括记述本镇本村有一定影响的艺术和技艺。注意处理好非物质文化遗产与民间文艺、传统手工业的交叉重复，应从历史文化、传承发展、传承人的角度来记述。

3. 体育

乡村体育是社会体育、群众体育、大众体育的有机组成部分，乡村体育主要记述集健身、休闲、娱乐为一体，具有乡土气息的体育运动、锻炼活动等。少数镇村建有某一类竞技体育训练基地，承办全国性、省级比赛，比如水上运动、环湖自行车赛、铁人三项赛、钓鱼大赛等比赛。部分镇村举办运动会、农民运动会、趣味运动会等。

体育设施　记述镇村的体育馆、体育场、篮球场、体育公园、群众健身广场、健身路径、布设于各村的户外健身器材等；记述私人开设的乒乓球馆、旅游馆、健身中心、健身房等；记述场馆的投资管理、功能面积、开放运营、承办相关比赛等情况。

体育锻炼　记述镇村群众的体育锻炼活动，包括各类健身操、广场舞、舞剑、太极、慢跑、器材健身等活动。记述主要的体育锻炼活动、参加锻炼的群体等,可通过抽样调查的形式统计经常参加锻炼的人数与比例。视具体情况，可以并入体育设施中一并记述，介绍群众体育设施时一并记述参加锻炼的群体等。

体育比赛 记述镇村举办的运动会、农民运动会、趣味运动会以及棋类、扑克、钓鱼等比赛，镇村学校开展的运动会和各种比赛，镇村企业举办的各种体育比赛。记述镇村运动队、跑步队、广场舞队外出参加比赛的情况。

游艺活动 记述流行于乡村或曾经流行于乡村的体育与文化娱乐相结合的集健康、休闲与娱乐于一体的各种游艺活动。这一类活动多为群众自发、传承较久的活动，比如放风筝、滚铁环、踢毽子、踢格子、跳皮筋、举石锁、举石担等活动，记述这些活动流行的时间、参与人群、现状等。这是乡土文化的重要内容之一，是镇村志应该记述的内容。

体育的内容建议并入教育、文化或卫生健康记述。

4. 卫生健康

卫生健康记述镇村卫生机构、医疗设施、医疗队伍、疾病预防控制、诊断治疗、公共卫生、地方性疾病的防治、名医验方等内容。

卫生机构 记述中华人民共和国成立以前的官办药局、私人医馆以及有医生坐堂的药铺,记述中华人民共和国成立后的私人诊所、联合诊所、驻镇县属医院、乡镇卫生院、防疫保健所、村卫生室、社区医疗服务中心、民营医疗机构等。农村医疗服务体系侧重记述驻镇县属医院、乡镇卫生院的成立时间、发展沿革、医疗技术、门诊设置、医疗设备、床位等情况，关键年份、重要时间节点以及下限之年的门诊量、住院量等医疗服务水平，记述覆盖乡村的医疗卫生网络。记述改革开放以前农村卫生室、诊所的重要作用、运行模式。从镇村两级卫生机构设置的角度记述农村卫生体制变革。

医疗队伍 记述中华人民共和国成立前的个体医生、江湖游医，中华人民共和国成立后驻镇驻村医疗机构的医务人员。记述农村赤脚医生队伍的发展变化及其重要作用，坐诊、出诊、巡诊的服务方式，采集中草药、种植中草药解决缺少药品的艰辛实践。

本条目视具体内容可以与卫生机构合并记述。

卫生保健 记述妇幼保健、免疫、疾病防治。妇女保健记述妇女常见病的筛查、防治，孕产妇保健；儿童保健记述儿童常见病防治等。免疫记述计划免疫，即国家规定且免费接种的疫苗；计划外免疫，即个人自费且自愿种的疫苗，比如狂犬疫苗等。疾病防治记述各类传染性疾病、地方常见病、多发病、慢性病及非传染性疾病的筛查、防治，比如集中收治麻风病、查灭钉螺防治血吸虫病等，记述本镇本村历史上疫情处置情况，记述本镇本村突发性公共卫生事件的处置，记述农药中毒的预防宣传与救治等。

爱国卫生运动 记述卫生宣传、改水改厕、除“四害”消灭病媒、环境整治、卫生创建等。卫生宣传记述长期的宣传活动，各个阶段的宣传重点，农民卫生习惯的养成等。改水记述农村饮用水的变化、改善，自来水的推广普及。改厕记述镇村露天粪坑、粪池、旱厕的改造，粪便的无害化处理。本条目可以与其他章节的环境卫生、卫生创建等内容合并记述。

知名医家医派 记述本地区名老中医的医学渊源、世传医技，以及因他们而设立的有一定影响的专科医院、特色门诊、个人诊所等。如果影响较大，可作为特色升格记述。常州市新北区《孟河镇志》设有“孟河医派”类目，下设医派渊源、四大医家、医术传承、医家传闻 4 个分目。医派渊源未设条目，直接记述；四大医家分设 4 个条目记述；医术传承下设概述、四大医家的医术传承、医派研究；医家传闻下设 3 位名医的有关传说。“孟河医派”声名远播，为孟河镇的地方特色，也是该志的特色篇目。

附：常州市新北区《孟河镇志·孟河医派》无题序

明清时期，常州文人辈出，文化的繁荣促进了医学的发展。由于孟河是苏、浙两省联系安徽、江西、湖南、湖北等长江中上游地区的重要水运线，得天独厚的优势吸引许多医家和客籍人士陆续至孟河谋生，他们以从医和药业为主。经过百余年的发展，到清道光、咸丰、同治年间，孟河名医云集，业务炽盛，经验成熟，学术思想逐渐形成体系，逐步形成以费、马、巢、丁四大家族为主的著名中医流派孟河医派。孟河医派医家十分重视“全科”意识和技能，作为识证和治病的基础，治疗疑难病症疗效明显。清末和民国时期，孟河医派著名医家如费伯雄、马培之、巢渭芳、丁甘仁等纷纷走出故土，多位名医东行上海，开业授徒，创办现代中医学校，现代许多著名中医专家皆传承于孟河医派。流派所及，至今未衰。清代以来，全国孟河医派的著名中医在100人以上，其中清代至民国时期18人，中国科学院院士2人，国医大师9人，现代著名中医学家18人。

第八节　社会部类的编写

社会部类的篇目设置既要考虑科学分类和约定俗成的归类方法，又要考虑江苏省实行乡镇机构改革中设立社会管理局（社会事业局、社会服务中心）的实际情况，同时还要考虑到资料征集的可行性。社会部类志稿要着重记述历史和现状，注重存史，为学术研究提供资料或查找资料的线索，而不能直接作学科性、学术性、研究性记述，不能就“社会”

记“社会”，不能见到“社会”二字就将其纳入社会部类记述，比如“社会团体”应在政治部类记述，而不应放到社会部类记述。

社会部类的内容比较多，部分资料要靠走访调查征集，走访调查征集资料既要征集下限之年的静态资料，又要溯源征集演变发展的动态资料。部分内容可以按“事以类聚、类为一志”的原则在其他部类记述。社会部类应记述基层民主建设（村民自治）、社会事务（社会事务管理与服务）、劳动就业、社会福利、社会保障、居民生活、乡风民俗、精神文明建设等内容。

1. 村民自治

村民自治的核心是“四个民主、两个公开”，即农村基层组织实行民主选举、民主决策、民主管理、民主监督及村务和政务公开。村志的村民自治记述村民会议、村民代表会议（社员大会）、村民委员会、村民议事会，村股份经济合作社（村经济合作社）的组成、职能及活动等。重点记述历届村民委员会（社区居委会）换届选举工作，包括选民登记、选举大会、选举结果等情况。村志列表记述村“两委”主要负责人（村支部书记、大队支部书记，村主任、村民委员会主任、大队长等）更迭情况。镇志主要记述全镇村民委员会换届选举工作的组织领导、选举情况等，概括记述各村民会议、村民代表会议（社员大会）、村股份经济合作社（村经济合作社）等组织的设立、运行情况。

附：张家港市《章卿村志·党政社团》第二章“村民自治”

第二章　村民自治

1949年，境内废除旧保甲制，改为行政村建置，分别设闸上乡一村、二村、三村、四村、五村、六村、七村，均归江阴县管辖。农业合作化时，境内的章卿属泗港二社，西新属泗港一社及三社部分。1959年4月，章卿称泗港公社二大队，西新称泗港公社一大队。1962年1月，沙洲县成立，一大队、二大队划归沙洲县。1983年10月政社分设，章卿、西新大队改称章卿村、西新村，各设村民委员会和经济合作社。村民委员会设主任1人，若干名委员，经济合作社设社长1人，若干名委员。

境内村民委员会自1983年设立至2016年，基本上按三年换届选举一次。

第一节　村民代表大会

互助合作时期至1983年，村里有事都开社员大会，一般每户一人参加会议，后改为所有农业生产评工记分的劳动力参加会议，由农业社长（生产大队管理委员会主任）向社员报告农业生产经济分配、水利建设、粮食征购、征兵等方面的事，或报告有关政治活动、农村工作方针政策等内容，“文化大革命”时期中断。1979年后恢复大队管理委员会，1983年实行乡村制，设村民委员会主任，1986年，西新、章卿分别召开第一届村民代表大会。村民代表都有选举权和被选举权，主要任务是选举村民委员会主任、副主任及其组成人员。按《中华人民共和国村民委员会组织法》规定，村民代表大会每三年召开一次，至2016年，境内共召开了十一届村民代表大会。村委选举的规范化、民主化程度有了一定的提高。每届村民代表大会上，由上届村民委员会主任代表村民委员会报告任期三年的村民工作并接受评议，以及执行上届村民会议或者村民代表会议的决议、议定的情况。然后按宪法规定民主选举新一届村民委员会的主任、副主任及其组成人员。

第二节　村民委员会

村民委员会为所辖的行政村的村民选举产生的群众性自治组织，村民委员会是村民自我管理、自我教育、自我服务的基层群众性自治组织，村民委员会由主任、副主任和委员三至七人组成。村民委员会领导班子由民主选举产生，每三年选举一次，没有终身制，任何组织或者个人不得指定、委派或者撤换村民委员会成员，村民委员会成员不属于国家干部，其产生的依据为《中华人民共和国村民委员会组织法》。村民委员会实行民主选举、民主决策、民主管理、民主监督。村民委员会办理全村的公共事务和公益事业，调解民事纠纷，协助维持社会治安，向人民政府反映村民的意见、要求和建议。

第三节……

第四节……

2. 社会事务

社会事务记述双拥安置、婚姻登记、殡葬管理、宗教事务、老龄工作、残疾人事务等。

双拥安置　记述退伍军人的优抚安置、就业创业、优抚褒扬工作，伤病残退役军人的安置、医疗保障、帮扶援助工作，拥军、烈军属优抚等工作，位于镇村的革命纪念场所、烈士纪念设施的保护修缮。记述好“慰烈工程”，记述散葬在乡村田间的烈士墓的保护、改造和集中迁移安葬。

婚姻登记　2021 年 12 月，江苏省民政厅修订印发的《江苏省婚姻登记工作规范》规定，“未经设区的市人民政府批准，乡镇（街道）人民政府（办事处）不得办理婚姻登记”。过去部分乡镇设有婚姻登记机构，目前原则上一个县（市、区）只设一处婚姻登记处。视具体情况记述。村志可通过调查统计，记述农村婚姻登记始于何时、全村的婚姻登记率等情况。

殡葬管理　记述乡村殡葬政策法规的宣传、移风易俗殡葬改革情况、公益性公墓建设等情况。

宗教事务　记述镇村宗教活动场所的登记管理、安全管理、宗教活动管理、宗教政策法律法规宣传、爱国宗教活动等。不得记述未经登记的所谓宗教活动场所，不得记述、渲染鬼神迷信等消极内容。

老龄工作 从老有所养、老有所医、老有所为、老有所学、老有所乐的角度，记述老年人权益保障、老年人作用发挥，记述尊老、爱老、敬老、孝老活动，记述敬老金的设立、标准与发放，记述养老服务工作，镇村养老机构建设、运营等。村志可以通过调查统计，记述农村老年人劳作情况，记述农村老年人居家养老、投奔子女养老、进入养老机构养老的情况。

残疾人事务 记述镇村残疾人的数量、残疾人基本生活保障、低保家庭残疾人的生活补助、残疾人康复与教育、残疾人权益保护、残疾人就业创业、助残政策的落实、助残活动等。

3. 就业创业

就业是民生之本，就业是最大的民生工程。记述镇村举办各种就业技能培训促进劳动力转移的情况，镇村劳动力就业方式，比如自谋职业、有组织就业、亲友同乡介绍引荐就业等。记述农村劳务市场的设立，每年进场登记寻找工作的人数、推荐工作人数、工作岗位等。记述本地劳务派遣机构的设立与运营，本地劳动派遣人数、跨地区派遣劳动人数，劳动者的派遣期限、工作岗位等。记述镇村专门引进的劳动密集型项目、安置农民工的数量。

记述本镇本村劳动力自主创业、灵活就业的情况。通过抽样调查或全村调查的形式，分建筑施工、工业企业、服务企业、家政服务等工作类型，统计改革开放后农民工的工资收入情况。

记述外出打工的成功人士异乡创业、回乡创业的情况，带动本地农民工就业的情况。记述乡镇有组织地为在外农民工维权的常设机构、相关机制和维权活动。

4. 社会保障

社会保障记述赈灾救济、最低生活保障、特困人员供养、社会养老保险、合作医疗、其他社会保险等。

赈灾救济 赈灾记述本镇本村遭受水灾、旱灾、风灾、雪灾、虫灾、春荒、火灾等灾害后，各级政府、社会各界包括慈善组织对灾区或受灾群众提供的物资帮助、经济援助，包括食物、衣被、药品等紧急援助物资的种类、数量以及援助资金数额。记述救灾物资，特别是紧急救灾物资的运输、调度、分配、发放等，援助资金的使用、发放等。

救济记述不同时期政府对生活困难人员的救济方法、救济标准，包括资金救济、物资救济、相关费用减免等。记述慈善组织、社会贤达对生活困难人员的救济情况。

农村危（草）房改造 记述镇村对建档立卡贫困户、低保户、五保户、贫困残疾人家庭的危（草）房维修加固、新建情况，包括户数、面积、补助标准及资金等。

最低生活保障 最低生活保障是对城乡困难家庭的保障措施，人均收入低于当地最低生活保障标准的家庭享受最低生活保障，简称低保。记述本镇本村实施最低生活保障的起始时间，历年保障的家庭数、人数，保障标准的变化、最低生活保障金发放形式等。记述最低生活保障家庭中的老年人、未成年人、重病患者等特定对象分类保障、增发最低生活保障金的情况。

特困人员供养 特困人员救助供养制度的前身为农村“五保”供养制度和城市“三无”人员救助制度。特困人员指无劳动能力、无生活来源且无法定赡养、抚养、扶养义务人，或者其法定赡养、抚养、扶养义务人无赡养、抚养、扶养能力的老年人、残疾人以及未满16周岁的未成年人。记述本镇本村享受特困人员供养（五保供养）的人数，集中供养、分散供养人数，供养标准与变化；孤儿、事实无人抚养儿童的人数、养育标准、上学保障等。

养老保险　农村养老保险是一个不断探索推广、改革实施、巩固扩面的过程。1992 年，民政部办公厅制定《县级农村社会养老保险基本方案（试行）》；1997 年，江苏省制定《江苏省农村社会养老保险办法》。镇村志记述农村养老保险实施的起始时间、参保人数、缴费情况。记述 2009 年起开展新型农村社会养老保险（简称新农保）试点的情况、参保人数等。2014 年，全国将新型农村社会养老保险和城镇居民社会养老保险合并为城乡居民基本养老保险，记述 2014 年起执行城乡居民基本养老保险制度情况。

记述享受农村养老保险金的人数、农村养老金发放标准以及调整情况等。

合作医疗　农村合作医疗是一个探索推广、改革惠民的医疗保障系统。应记述农村医疗保障体系的建立、探索、改革与完善，农村群众医疗保障水平的提高等情况。

人民公社时期的合作医疗。20 世纪 60 年代到 80 年代初，农村普遍实施合作医疗制度，农村群众初步解决看病就医问题，享受到了最基本的医疗保障服务。这一时期的农村合作医疗是人民公社社员依靠集体力量，在自愿互助的基础上建立起的一种社会主义性质的医疗制度，是社员群众的集体福利事业。记述实行农村合作医疗的起止时间、合作形式、费用来源、农民负担的费用、享受的医疗服务等。

新型农村合作医疗（新农合）。2003 年，全国部分县（市）试点新型农村合作医疗制度。2003 年，江苏省委、省政府决定实施让广大农民得益受惠的农村五件实事工程，其中“农民健康工程”就是建立、试点“以收定支、保障适度、以大病统筹为主、基本覆盖农村居民”的新型农村合作医疗制度。2006年，江苏省制定实施农村新五件实事工程，其中的“农民健康工程”，则要求建立和完善新型农村合作医疗制度，努力为农村居民提供低成本、广覆盖、高效益的农村卫生服务。镇村志应记述新型农村合作医疗制度的试点、推广工作，参加人数、覆盖率的变化，缴费情况及变化、农村群众住院费用的报销比例等。记述部分地区执行的与新农合相配套的大病医疗救助制度等。

城乡居民基本医疗保险。2018年，江苏省实施统一的城乡居民基本医疗保险，提高农村群众基本医疗保障水平。记述新农合向基本医疗保险过渡情况，参加人数、费用统筹、报销范围、起付标准、支付比例、最高支付限额、二次报销制度等。

合作医疗可在社会部类中作为社会保障的内容记述，也可放在文化部类之下的卫生医疗中记述。

其他社会保险　视具体情况设条目记述，以工商业为主的镇村、企事业单位较多的镇村可以单独记述或综合记述，记述用人单位缴纳工伤保险、生育保险情况，记述用人单位和职工个人共同缴纳失业保险情况。记述镇村居民因工作变化等原因个人续缴各类社会保险的情况，可调查统计农民工缴纳社会保险的情况。

5. 居民生活

居民生活着重记述镇村居民生活水平的变化、生活质量的提高，记述解放前维持生计、解放后解决温饱、改革开放后实现小康，再到更高水平全面小康的发展变化，记述各个时期人民的收入、支出情况。

收入　各个历史时期农村群众的收入构成并不相同，改革开放前以务农收入为主，改革开放后以务工收入为主，按目前的分类标准，一般从家庭经营性收入、工资性收入、财产性收入、转移性收入4个方面记述农村群众的收入。镇志应利用统计数据，记述农村群众的收入，村志要作抽样调查。

家庭经营性收入记述以家庭为单位的农业生产收入、工商经营收入。工资性收入主要记述农村居民工作或受雇打工而获得的收入。财产性收入记述农民获得的村组分红、拆迁补偿、房屋等固定资产的出租租金、土地流转金等收入。转移性收入记述农村居民获得的养老金、物价补贴、种粮补贴等收入。农村居民收入来源发生显著的变化，各地农村居民收入构成差别较大，有的以务农为主，有的以务工为主，也有的以经商为主，视各地的具体情况，可设特色篇目记述，比如服装加工业发达的集镇区房屋租赁收入、劳动密集型工业集聚区的饮食服务收入等。

附：泰兴市张桥镇《西桥村志·经济生活》第二节“村民收入”

解放前，农民有私田的，所产粮食基本上能够维持最低生活。不少农户靠租田耕作，每年收获缴去租子和田赋，所剩无几。青黄不接时节就得外出讨饭谋生。如遇荒年，则举家外出讨饭。那时村民基本没有经济收入。

土地改革后，村民分得土地，耕者有其田，农民养猪、羊、鸡、鸭等，有少量经济收入，粮食能自给。多数农户靠自己纺纱、捻麻、织布解决穿衣问题。

1958年，全国实行人民公社化，农田归集体所有，农户有少量自留地。收入来源主要靠参加集体劳动，按工分取得报酬，这种状况持续到1983年。以西桥三组为例，1975年，一个五口之家，如果有两个整劳力，坚持每天出勤，一天能记20分工，可得到两角钱报酬，这个家庭的年收入仅有70多元，年终决算时可以勉强抵算一家人的口粮钱，称“不进不出户”。如果五人家庭有三个壮劳力，年终可得到几十元钱，称“进钱户”。如果仅有一个劳动力所做工分报酬不能解决全家口粮钱，必须缴钱给集体，称“出钱户”。有的家庭小孩比较多，又没有劳动力，这样的农户出钱较多，有的全年要出100—200元。集体将“出钱户”的钱拿来发给“进钱户”，如有余额，作为集体收入。村民除了做工分，几乎没有其他收入。当时开始办社队工业，有的家庭年轻人进了社办厂、队办厂，他们拿工资收入的70%缴集体记工分，剩余部分算是家庭收入，解决家庭的日常开支。

1983年，西桥村实行家庭联产承包责任制，两年后包产到户。村民除种好责任田，剩余劳动力可以外出打工。据不完全统计，1986年外出打工的村民有110人。有的在家搞手工业、养殖业、办小工厂、小商店、路边饭店等，村民收入增加。1985年，以五组刘冬成一家为例，包产到户后，农业收入1920元，林业40元，牧业2700元，工业收入5000元，其他收入1200元，合计总收入10860元。减去生产成本1050元，实际收入9810元。全家4口人，人均2452元。……

支出 不同时期，农村居民的支出重点不同，以改革开放为界，农村居民支出结构逐渐从生产型、生存型、生活型向发展型、享受型升级转轨。记述农村居民不同时期的主要支出，记述农村居民支出结构的变化。

农村居民支出侧重记述不同时期吃饭、穿衣、住房、出行支出，记述医疗保障、养老保险、健康支出、子女教育支出、文化生活支出、大件耐用消费品支出、通信支出、旅游支出、婚丧嫁娶支出、人情往来支出等。注意记述不同时期支出重点以及所占支出比重等。比如教育支出，学校布局调整后，学校规模变大、教学质量提高，但学校数量减少，村小学基本撤并，很多农村孩子要到镇小学、县城小学上学，许多家长为了孩子读书要租房甚至买房。镇村志要记述陪读现象，父母一方或祖辈要陪护孩子读书；要记述家长接送孩子上学现象及支出；还要记述部分家庭为孩子训练、培训、补课的支出。

附：泰兴市张桥镇《西桥村志·经济生活》第二节“村民支出”

……

住房支出　1980—2018 年，有近 800 户将平房改建为楼房或别墅。一般每户建三间两层或三层，建筑面积 200 平方米以上，每平方米造价 1000 元左右。每户总造价一般 30 万元—50 万元（含装潢费用）。据不完全统计，村民用于建房造屋的资金累计超过 3000 万元。有些农户在村里有楼房，又在泰兴城区购买 100 平方米左右的商品房，商品房价格 60 万元—80 万元，在大城市购置的商品房价有的高达几百万元。2018 年，全村近 50% 的家庭在城市购置商品房。这是村民最大的支出。

子女教育支出　西桥村孩子上学，小学、初中实行九年制义务教育，要到张桥镇或进城区读书，读高中在城区。一个孩子从幼儿园读到大学毕业，家庭一般要支出 15 万元—20 万元。

……

衣食住行　视具体情况而设，村志可单独设衣、食、住、行条目分类记述。通过解放前后、改革开放后、新时代等历史阶段的对比，用概括性语言，结合关键时间节点、下限之年的数据，记述农村居民在吃饭、穿衣、住房、出行方面的变化。

党的二十大报告在总结新时代十年伟大变革时指出，“我们深入贯彻以人民为中心的发展思想，在幼有所育、学有所教、劳有所得、病有所医、老有所养、住有所居、弱有所扶上持续用力，人民生活全方位改善”。镇村志记述新时代的居民生活要突出住房、教育、医疗保健、养老等重点，可以从微观层面记得更具体、更形象，从而为后人研究今天的乡村提供样本式的记载。

6. 乡风民俗

十里不同风，百里不同俗。乡风民俗代代沿袭，传承积淀，比较稳定，是乡土文化的主要表现和重要特征。民俗包括婚嫁、生育、寿诞、丧葬等人生礼仪习俗，岁时节令习俗，饮食、衣着、建房迁居、出行等生活习俗，农事、渔事、工匠、店铺生产经营习俗等。民俗还包括以方言俗语为特征的语言习俗，以敬畏、禁忌为主要内容的崇拜、禁忌习俗等。由于所处环境不同，各地的乡风民俗不尽相同，一般有城郊农村风俗、江边湖边海边的农村风俗、平原乡村风俗、山村风俗等。

人生礼仪习俗　婚嫁习俗主要记述订婚、迎亲、闹洞房、回门等传统习俗，传统习俗还有相亲、纳采、下聘礼、置办嫁妆、哭嫁、拜堂、宴请亲友等。婚嫁习俗还要记述变化，记述婚姻新风及当下的婚礼等。生育习俗记述催生、三朝、送报喜红蛋、送粥米（送月米）、置办满月酒、百日宴等。丧葬习俗从简记述传统的习俗，记述丧葬习俗的变化，记述现代的丧葬习俗。

人生礼仪习俗各地大体类似，但是细节不同。一些镇村由于历史上人口来源不同，往往有一村之内而风俗不同的现象，甚至同一村民小组因家族不同而风俗不同。记述人生礼仪习俗要详异略同，重点记述本地的特色，但是不能猎奇，不应记述一些糟粕性的内容。

岁时节令习俗　中国传统节气与传统节日是两个概念，只有少数节气是节日，比如清明、冬至等，记述时要注意区分。岁时节令习俗主要记述春节、元宵节、端午、中秋、腊八节、除夕等，记述清明、七月半（中元节）、冬至3个祭祖节日。记述部分节日的传统活动，比如清明节踏青、端午节赛龙舟、中秋节摸秋等。要记好新的节日，比如2018年开始设立的“中国农民丰收节”，时间为每年的秋分，有些镇村承办一省、一市、一县的丰收节，应记述。

记述各地岁时节令的主要活动、发展变化。比如除夕，随着商品房或农村楼房的普及，过去贴对联、贴年画的习俗逐渐被挂灯笼、贴窗花代替，贴年画的习俗逐渐消失。贴对联的习俗变化也大，印刷品多，有墨香的对联少，对联的内容也在变化，比如过去农村常见的“五谷丰登，六畜兴旺”之类的对联现已消失。比如守岁，各地也不相同，有的地方通宵不眠，有的地方子夜过后不可开门直至天亮等。再比如“除夕”，传统年夜饭在家吃，现在有少数农村家庭到饭店吃年夜饭；传统一家人团圆守岁，现在有的是年轻夫妇双方两个家庭一起团圆守岁。

研究风俗习惯的学者多，记载乡风民俗包括岁时节令的书籍也很多。这类书籍对镇村志编纂有一定的参考价值，但是这类书籍如果没有明确的区域限定不能用作参考。部分民俗书籍只记传统，不记发展变化，并没有记述中华人民共和国成立后，特别是改革开放后习俗变化，这类书籍也应慎作参考。

风俗习惯贵在记述一镇一村特有的风俗习俗，贵在记述风俗习惯的变化，不能把个别现象当作普遍现象来记述。

建房习俗 记述建房选址定向、奠基（下墙脚、下屋基）、竖柱、上梁、封顶等各种仪式，其中尤以上梁为要，记述现代农村群众装潢、迁居商品房的一些新习俗。

生产经营习俗 农业生产的各个阶段往往对应着二十四节气，有许多传统习俗，可适当挖掘整理记述。渔业生产习俗（船民习俗）记述生产规律习俗、行船习俗、上网习俗、祭拜习俗、言行禁忌等习俗。工匠习俗记述工匠开业开工的仪式，包括祈福、崇拜、禁忌等；记述拜师学艺的仪式、规矩以及谢师、敬师等习俗。店铺记述开业习俗、经营习俗、诚信习俗。可重点记述传统商家诚信经营的规矩与习俗。

乡风民俗要从文化的视野来记述，要注重记述可资借鉴、传承的内容。很多镇村志注重对习俗资料的挖掘整理，内容比较多，甚至出现体量明显失衡现象。镇村志编写风俗习惯要做到三个“防止”，一是防止内容过多，列举过多，不加选择地收录，不加概括地记述；二是防止只记传统习俗，不记现代习俗，不记习俗的演变，不记移风易俗，尤其是传统丧葬习俗记载过多；三是防止盲目借鉴参考，把不是本地的习俗当作本地的习俗记述，把研究性、学术性内容当作了志稿内容收录。

记述乡村民俗应重褒轻贬，要体现社会的变化、社会的进步，充分肯定积极向上的内容。部分志书过分突出记述陋习，比如喜争薄义、挑拨好讼（职业讼师、讼棍）、逞强好斗、贪财好赌、游手好闲、偷吃扒拿等。传统陋习可以记，但是要高度集中概括记，可从规劝惩戒、改过向善的角度来记述，不可单一地展开记述各种陋习恶习，毕竟陋习不是一镇一村历史发展的主流。志书的功能是存史、资政、育人，镇村志要在推动“中华优秀传统文化创造性转化、创新性发展”上发挥积极作用，多记积极向上的内容，以文化人，记述体现淳朴风气的乡土、乡景、乡情、乡音、乡邻、乡德等。

7. 方言俚语

方言要从字音、字形、字义、词汇、语法等方面综合研究。一般一个区域对应着一种方言，方言研究专业性很强，专业要求较高，现实中研究方言的专业人员很少，即使高校中文系等相关院系专门从事方言教学研究的人也很少。一轮、二轮县志中的“方言”大多出自高校的专家教授之手。编写镇村志方言是一个难题。江苏名镇名村志为镇村志方言内容的编写提供了一个值得借鉴的方法。江苏名镇名村志着重从方言语汇、语义的角度记述方言，简单介绍本地方言所属方言区、与县城及镇村周边方言的主要区别，记述方言语音的大体特征，常用方言词语与普通话的对照，收录部分当地比较有特色的谚语、歇后语。

受专业能力所限，建议镇村志对方言从简记述，中国名镇名村志、江苏名镇名村志均从简记述方言，极少涉及方言读音，只记少量的、有代表性的方言词汇、谚语、歇后语等。

方言词语、谚语、歇后语的收录在精不在多，要有代表性，要有本地的特色。有些镇村志罗列的方言词汇上千个，很多所谓的方言词汇基本上是现在汉语通用的词语。有些镇村志收录的俗语、谚语、歇后语上千条，这些俗语、谚语、歇后语绝大部分是全国通用的，在小说、电影、电视等文学艺术作品中常见。镇村志的方言词汇、俗语、谚语、歇后语应精选，控制数量，突出本地的特色。

记录方言字形、字音不能以同音字代替。部分镇村志编写方言词语时，过多收录方言词汇，甚至还进行分类收录，受研究能力所限无法写出方言字形，就用同音字代替，这种方法不可取。编写方言志稿宁可从简，也尽量不用同音字代替方言。一些方言词汇只是读音变了，实际上有本来的字；有些所谓的方言词汇有本来的字，读音也没有变，只是从历史上的常用字变成现在不常用的生僻字。如果用同音字代替，形成了事实上的错别字。

8. 乡风文明

乡风文明记述本地民风的特征，记述精神文明建设的内容，包括思想道德建设、文明单位建设（文明镇村、文明家庭、文明十星户、文明单位、文明行业）等，记述文明新风、文明新事、破除陈规陋习、家规家训家风等，记述志愿者、道德模范、各级评选的好人、凡人善举等。

民风　民风是指一个地区的民间风尚，包括镇村群众的家国情怀、进取精神、待人之礼、睦邻友好、敬老爱幼、遵规守法等方面的内容。镇村志民风部分的内容要通过调查分析概括记述。

思想道德建设　记述思想道德建设各类活动，比如“五讲四美三热爱”活动、“讲文明、树新风”活动、社会主义核心价值观宣传等。记述思想道德建设各类载体与阵地，比如农家书屋，镇村设立的宣传栏、标语牌，组建的宣讲队，开办的道德讲堂、百姓大舞台等。记述镇村志愿者服务队及其活动，记述关心下一代工作委员会、老年人校外辅导站、老年人调解队的活动。

文明创建 记述本镇本村创建全国、省、市、县文明镇、文明村（社区）的活动与成效，镇属机构、驻镇机构、学校、医院创建各级文明单位的活动与成效，本镇本村五好家庭创建、星级文明户达标、十星级文明户评选、文明家庭创建等活动与成效。

道德模范 记述思想道德建设中涌现的典型代表人物，包括见义勇为者、乐于助人者、爱岗敬业者、乐善好施者、身残志坚者、孝老爱亲典型、美德少年、中国好人等。记述道德模范要与人物传区别开来。记述不能入传但有道德建树和影响力的人，不是记述人物生平，而应侧重记述道德方面的建树及影响。

乡（村）规民约与家风家训 乡（村）规民约可以放在民主法治相关章节中记述，也可以在精神文明建设中记述，记述本镇本村传统的乡（村）规民约、改革开放后乡（村）规民约的制定、修订、执行、影响、作用等内容。家风家训家规可以在人口章节中从家族的角度来记述，可以在文化章节中从家谱编修的角度来记述，也可以在文明乡风中从家风家训家规的角度来记述。从不同家谱中选录一些具有积极意义的家风家训家规，记述新时代的家风家训家规。

江西上饶 悬崖村落

6

第六章

其他体裁编写

第一节　述体编写

述体，列志书诸种体裁之首。中国地方志指导小组发布的《地方志书质量规定》中第三章“体例”第十一条第一款中明确规定：“述，根据志种和内容层次的不同，合理设置，概述事物发展全貌和特点等。”一般来说，志书中的“述”，一是指全书的总述；二是指各章节下的概述，镇村志中多不设“概述”层次，可直接以无题小序出现。

1. 总述

总述，顾名思义，列全志之首，为志书开篇。地方志的编纂，遵循“横排门类、纵述史实”的原则，因此在横分出的各个门类之间，往往缺少一种内在联系，能见树木而不见森林。一篇能够概括全志大势、记述一地发展过程、阐述上下因果关系的综合性文字，在志书中是必不可缺的，这就是总述。

（1）总述的作用

总述对全志内容进行概括提炼，使读者能够快速对志书所载之地有一个大致了解，即使未能通读全志，也能对该地一方百业、历史遗存、著名人文一目了然。志书的章与章之间，本身互不关联，总述打破了各个章节之间的界限，把各个块面上的内容勾连起来，连珠成串，揭示本质，彰显规律。总述就像是一个合格的导游，带领读者找到阅读全志的路径。一篇好的总述，还能起到一个引言导读的作用，激发读者的阅读兴趣。

（2）总述编写要点

总述的编写，不是对志书正文内容的一个简单摘录，而是要做到“钩玄提要”，要提纲挈领地写出一地的自然、政治、经济、文化、社会的全貌和轮廓。一地的建置、环境的概貌、经济发展的过程、社会变迁和地方文化特点等，都是总述需要兼顾的。但兼顾不等于拼盘，不是把志书正文中的各个部类挑挑拣拣，摘句成段，也不能把各篇中的重点内容拼拼凑凑，成为集锦。总述是一篇整体性极强的文章，从某种意义上说，也可看作该镇村的一篇简史，是编者对该镇村总体认识最集中的体现。

撰写总述，要有宏观性和总体性，主题要突出，结构要有系统性。镇村志的总述，有别于省志、市县志，可以不分章节，用自然段区分即可。但设计总述的框架结构，编者要有整体思考，怎么起、怎么承、怎么合，把能够凸显一地特点的材料做好分析和归纳，适当时候不必拘泥于志书正文“述而不作”的原则，采用叙议结合的方法，做到言简意赅，文约事丰。苏州市吴中区《东山镇志》，其总述先简介东山地理形胜：

> 东山镇位于苏州市区的西南端，原属吴县市……东山是伸展于太湖东首的一座长条形半岛，因其在太湖洞山与庭山以东而得名洞庭东山、东洞庭山……东面与渡村镇相接，其余临湖。西与西山岛、南与浙江湖州、东南与吴江隔湖相望。……全镇总面积96.55平方千米。2000年全镇总人口52270人，设30个行政村，303个村民小组，市镇设4个居民委员会。

随后，编者从七个方面概括东山，一讲东山地理位置，交通情况；二讲东山历史悠久，建置简况；三讲东山气候特点，物产丰富；四讲东山文化底蕴，人文荟萃；五讲东山风景秀丽，历史遗存丰厚；六讲东山经济繁荣，产业发展；七讲东山作为重点小城镇的建设开发，最后以领导关怀、对未来展望收尾，整篇总述有头有尾，重点突出，思路清晰，语言精练，读来较为流畅。当然，这篇总述在“议”的方面缺少对发展规律的评述和揭示，在记述高度上略显不足。

近年来，随着中国名镇志、名村志和江苏名镇名村志系列工程的启动发展，一种新的总述编纂方式也在悄然兴起。从总述的导读作用出发，创造性地运用美文来代替总述，也是一种新的尝试。如中国名镇志《东山镇志》，全书总述名为“为东山喝彩”，用的即是江苏省作协主席范小青的文章。中国名镇志《阳澄湖镇志》，也用到了范小青的另一篇文章“相逢阳澄湖”。中国名镇志《周庄镇志》，开篇总述名为“天下周庄”，从张翰的“莼鲈之思”入笔，到周庄的南社雅集，从杨明义发现周庄，到陈逸飞创作《故乡的回忆》，再引出周庄旅游发展的十年保护、十年开发、十年发展的历程，最后用美文收尾：

> 周庄，如同沈万三的聚宝盆一样，是历史留给当代中国的宝贵财富。正如建筑大师贝聿铭所说，“周庄是国宝”，周庄是江南水乡的典范，是江南文化的一个缩影，同时也是向世界展示中国历史与文化的一扇窗口。在江南以外的远方客人眼里，它是画里烟水；对繁华都市的居民来说，它是梦中天地；而在生活日趋现代化的乡镇人看来，它则是旧日家园。千千万万的人来到周庄，其实是来寻找心中的故乡、遗失的故乡，重温残缺的故乡梦。周庄为每一个现代人提供了“精神故乡”，让他们回味说不尽的“故乡的回忆”，周庄就是每个游子“他乡的故乡”。

这样一气呵成，读来不禁令人拍案叫绝。这种别样的总述，虽然不像传统总述那样记述周详，但在吸引读者方面，却更能引起让人读下去的兴趣，也不失为一种另辟蹊径的做法。

2. 无题小序

无题小序即志书正文中各章节下的二级概述，因不设层次，故称之为无题小序。志书横分门类之后，在章节下要纵写主体内容，对本章内容的集中体现，则需要设置无题小序来进行一个提要。小序是对各个章节或门类的基本面貌、特点优势、发展规律的总结提炼，体现的是事业或者行业的发展特点。镇村志整体篇幅不算庞大，因此建议镇村志各个章节的无题小序不要过于冗长，因为一旦无题小序记述过长，极易造成与志书正文中重复。

小序的编写，首先要有综合作用，带有普遍性、共同性的问题，无须在条目中记述的，可在小序中提及。其次要有纵贯性，纵写该部类的历史脉络，力求一个整体反映。最后要有联通作用，打通章节下各个类目之间的横向联系。

小序的编写，对编者的笔力有较高的要求，小序的执笔者，对该章节的横分现状、纵贯史实，要了然于胸，要有深入的理解，既不能记成流水账，也不能与后文简单重复，要选择历史性、标志性、转折性的节点内容，在有限的文字里，展现发展过程。以《周庄镇志》为例，周庄是水乡，因此特设“湖河圩屿”一卷，该卷无题小序记述如下：

境域位于长江口水系、太湖水系、运河水系之中，是华东地区调节水量、削减洪峰的天然水库。域内湖、河、港、汊、浜、溇密布，横、竖、斜、弯、曲、直交织。水域面积 18.16 平方千米，合 27240 亩，占境域总面积的 46.61%。其中 7 个湖荡，面积 15.8891 平方千米，合 23833.65 亩；136 条河、浜、潭、溇，总长 118.947 千米，面积 2.2709 平方千米，合 3406.35 亩；沿湖、河岸线长 265.76 千米。境内水流为西北至东南向，由沉湖或上急水港经长纤路、三角白荡、天花荡，或明镜荡、下急水港进淀山湖；另一路由急水港经寺前港、北市河进镇，出南湖。湖河港汊历来是境内农业生产的命脉。由于湖、河密集，20.80 平方千米的陆地面积被分割成 102 个岛状或半岛状的圩屿，形成了闻名于世的典型的江南水乡。

这篇无题小序仅用290个字，介绍了周庄水系水文的特点，用语精练，文约数全，表述得清清楚楚。

无题小序的编写，要小而概，实而准。小序不在于字多，做到把该章节记述内容的历史发展和整体情况勾画出来即可，要避免记述时的含糊笼统，也不能泛泛而谈、避实就虚，编者可以根据需求宜叙则叙，当论则论。

第二节　大事记编写

大事记是一个地域在一段特定时间内发生的大事记录。《地方志书质量规定》第三章第十一条第二款中明确规定："大事记选录大事得当，重要事项不漏，时间、地点、人物（单位）、结果等要素齐备。"无论是综合志、部门志还是专志，大事记的编写必须符合"选事得当、要事不漏、要素齐备"这三点基本要求。

1. 选事得当

"选事得当"即大事记在选择入志大事的时候，要具备一定的标准和门槛，不能"摘到篮里就是菜"，既要照顾全面，也要突出重点。对镇村志来说，编写大事记首先要明确进入大事记的标准，确定明确的入志范围，并以此到档案资料中进行筛选。选择大事的时候，可参考以下范围：

本级行政区划的变动；镇、村党政班子的变化；本级范围内重要政策的颁布和贯彻实施；重要会议的召开及影响；涉及三大产业的大事，如农业大丰收、一定规模以上的工商业投资投产、产业园建设等；教育、科技、文化、卫生等领域的重大建设、申报成果、取得成就等；镇村集体获得的荣誉；境域内独特的活动、物产等；重要领导造访、调研；有突出贡献的当地著名人物及活动；严重的自然灾害和安全事故；其他对境域内社会发展及公众影响有关的大事。

这些参考范围，决定了大事记收录事件的基本入志门槛。从目前镇村志审稿情况来看，包括已出版的镇村志，或多或少都有入志标准偏低的现象出现。如某部镇志终审稿中，大事记中出现类似境域内某公司更名、电视台到镇采访（未说明采访事项，无法判断重要性）、镇里某部门举办月嫂培训班等，这些事情按照上述范围来看，均不符合要求，无须入志。

在“选事”标准上，大事记中最难处理的是人物入选标准。人物在大事记中分为两种情况，第一种是境域内有突出贡献的本籍人物，可以入选大事记，如“2003 年 10 月，东山镇残疾人运动员陆琪，在第六届全国残运会上荣获二金一银”，这条记述有时间、地点、人物和结果，要素基本完备，缺点在于没有点出获奖的奖项。如果某运动员在市级、省级运动会上获奖后，再参加全国运动会，那么在大事记中只需记录其获得的最高奖项即可。同样还有大事记中记述的其他个人荣誉，有时候往往会标准不一。镇志大事记，个人荣誉在省级以上，建议列入；村志大事记，个人荣誉市级以上，建议列入，同一人物同种荣誉的，建议选择最高级别入志。

第二种是到访、视察、调研的领导。对于此类人物，首先要明确到访领导入志级别，有的镇村志送审稿中，副科级干部到镇村调研也被列入大事记，这样势必造成大事记很多篇幅均用来记录各类领导造访，应该记录的大事反而湮没其中。镇志大事记，建议省部级领导入志，村志可至市级。如果涉及国家级领导人和涉外领导人，尤其要注意职务和名字不能混淆和搞错，否则“一失全无”。如经常性写错的有“全国人大常委会委员长”写成“全国人大委员长”，“省委宣传部”写成“省宣传部”等，全志中凡是出现国家级领导人名字的，必须一一复核。有些送审稿中只记职务不记名字的到访内容，如“××主任、××负责人”之类的表述，一律删除。特别注意的是，对镇村志而言，对于已受到党纪国法处理的人物，不入大事记。

2. 要事不漏

“要事不漏”即重要的事不能有漏项。参考上述大事入志标准，一般情况下，基本要事都不太会漏掉。但在镇村志编纂过程中，由于编纂初期处于“众手成志”的阶段，各个编纂人员寻找资料的途径不一，获取信息的准确性、全面性不一，往往会造成在大事记与正文其他各个章节中记述的内容存在偏差和疏漏。如某部镇志中记述到某某年月，隔壁某镇的两个村划归至该镇，这属于该镇区划的重大调整，理应列入大事记。但此项内容，只见于志书正文中的“建置区划”篇，大事记中反而未见，这就是典型的“要事”被遗漏，这在志稿总纂统稿阶段，必须一一前后对照校核。

有的事件，间隔一段时间必然发生，如党委、政府的主要领导更迭，这在大事记中必须体现。一般来讲，镇志大事记中只收录党委、政府主要领导的更迭情况，人大、政协如有机构，也可收录。村志收录“两委”即村党组织和村委会的主要负责人更迭情况，副职变化一般在“组织机构”篇中进行记述。大事记中要注意每届领导的更迭，不能遗漏。如某部镇志送审稿大事记中“2007年某月，人代会上通过周某为镇长”，可到了2009年某次国家级会议上，发言代表出现镇长陈某，在大事记中已经出现前后矛盾，其间必然漏了一次镇政府主要领导的人事更迭。

3. 要素齐备

要素齐备是指大事记的条目一般要具备时间、地点、人物（单位）、结果四个基本要素。

时间要素　大事记以不同历史时期分设条目，如“……明、清、中华民国、中华人民共和国”；条目下以不同年份设立子目，具体事件按发生时间先后排序。如果该地是首次编纂志书，则大事记要向上追溯到有文献记载的时候，因为大事记较志书正文相对独立，其下限可以适当延伸到志书编纂完成或者出版前。事件发生有明确时间点的，要写明具体年、月、日，如《东山镇志》“1949 年”子目下可列“4 月 15 日中共太湖工作委员会在东山镇成立，下辖东山、西山、马山（今属无锡）以及横泾 4 个区”。特殊事件可以到时、分，如“1964 年 7 月 1 日零时，第二次全国人口普查，东山总户数 9221 户，总人口 37002 人”。如有月份但难考证具体日期的，可用“是月”，记在该月之下；月份不明的，可用“春夏秋冬”标明时间，实在无法考证又必须收录的，记在该年下，称“是年”。如遇同日发生事件，可用“是日”代替重复时间。

地点要素　指事件发生的具体地点或场所，如《东山镇志》“1920 年秋，叶氏务本小学在古石巷叶氏支祠开学”，清楚标明务本小学开设在古石巷叶氏支祠。有的大事条目没有具体发生的场地，则用镇、村名表示，如“1983 年 2 月，东山全面推行家庭联产承包责任制”。

人物（单位）要素　指的是事件发生的主体，如“2012 年 12 月 17 日，陆巷村入选住建部、文化部、财政部公布的中国第一批传统村落名单”，事件主体即为陆巷村。涉及个人的，参见上文“选事标准”条目。

结果要素　指的是事件要有始有终，不能只顾开头没有结果。这一点尤其体现在一些建设项目上，如“1976 年冬，开挖定向河，由渡水港向南通向太湖，次年春竣工”，开挖定向河的施工启动时间是 1976 年冬，因此这条大事就列在 1976 年这一条目下，同时又交代了竣工时间，这样就有头有尾，避免到 1977 年的时候再列定向河竣工这一事件。这就是大事记编纂中“纪事本末体”的写法。大事记虽然按编年排序，但在记述事件的时候，为保证其完整性，应该采用“纪事本末体”的方式，对某一件大事的前因后果记述完整，有始有终。持续时间较短的事件，如前文开挖定向河工程，记述开工时间和竣工时间即可；如果某一事件持续时间较长，且中间有发展变化，可酌情记述阶段性变化，同时要注意语言精练，不能与正文相关内容产生重复。从目前的志书质量来看，镇村志大事记对结果要素普遍重视程度不够，造成很多内容只有开头没有结果，或者同一事件开工、竣工反复出现，造成大事记臃肿不堪。

4. 大事记编写应注意的其他问题

前后不一致问题　大事记中收录的内容，理应在正文中都能得到具体体现。这一问题主要容易在名称、时间、各类统计数据上发生。如1983 年 5 月，某某公社改名为某某乡，可正文中在同一时间段内，还出现某某公社的表述，显然两者没有统一。此外，对于某个事件发生的时间，大事记中采用了发文时间，正文中采用了实施时间，此类不一致问题在很多送审稿中也较为常见，均要按同一口径表述。

详略问题　镇村志大事记，在选事时候，不要谋求平衡，更不要一味追溯。有的志稿中，为体现该地历史悠久，往前追溯的内容基本均为各类自然灾害，并无必要。灾害当然要记，但在古代内容中，如确无其他文献记载可选录，不建议用灾害来充数。镇村志大事记要讲求“详今略古”，近几十年的内容篇幅可以适当扩大，重在体现近几十年社会进步、经济发展给人民群众带来的变化。此外，具有普遍意义的、常规性的会议、政策，可以简略，对该地有重要影响的，可适当详写。

“宜粗不宜细”问题　主要体现在“文化大革命”和其他政治运动内容中，哪些要粗，哪些要细，并没有统一标准。但编纂者要注意原则，可参考党中央《关于建国以来党的若干历史问题的决议》《中共中央关于党的百年奋斗重大成就和历史经验的决议》中的有关精神，作为记述的指导思想。切忌在记述中详细记述各个阶级的活动和造成的社会影响，切忌在记述中指名道姓，追究责任。对批斗的形式内容、“红卫兵”的过火行为、“造反派”组织的武斗及其他问题，建议要略写。

用语问题　大事记收录事件的标准之一是“新”，要有首位度，但此类事件在表述时，要慎用“第一”“最佳”“填补空白”等相关形容词，对此类事件要注意剔除水分，确保真实。

入志位置问题　大事记在志书中的位置，一直有不同观点，有的认为是全志之纲，应该列在卷首；有的认为属于总结性内容，列在志末。从目前出版情况来看，传统镇村志，前置居多，名镇名村志，后置居多。大事记有其独立性，前置可以配合概述起到总览志书的效果，后置也可看作对志书的总结，因此两种形式均可采用，由编者自行决定。

第三节　人物传记编写

“人物为一郡之柱础，乡邦之光耀。”无论旧志还是新志，上到省志，下到村志，在地方志的传统中，为人物立传有着很重要的地位。人物传记，历来也是志书编纂中的难点之一，编纂者要解决的是为什么人立传、什么人不能立传以及怎么立传的问题。

1. 人物立传的标准

人物立传的标准和范围，可参考《地方志书质量规定》第三章“体例”第十一条第四款中的规定：“立传人物为在本行政区域有重大影响者，以及本籍人物在外地有重大影响者。”同时，《地方志书质量规定》第五章“记述”第二十条规定：“生不立传。在人物传、人物简介、人物表以外记述人物，以事系人、人随事出。记述人物准确、客观、公允。”

在世人物一律不得立传，如果在世人物确有可供记述事迹，可按事迹大小，酌情考虑列入人物简介、人物表，或者在相关正文内容中通过“以事系人”的方式加以体现。

收录参考范围 镇村志在人物收录标准上，主要看人物在社会发展中的作用，不唯职务大小，不论地位高低，在当地有影响力的，均可收录。参考范围如下：担任较为重要的行政、军队职务的，有较大影响力的；在革命年代中积极参加各种革命活动的；在各类革命斗争中牺牲的烈士；在社会主义建设中有较大贡献的劳动模范、先进工作者；在教科文卫领域有突出成绩的教育工作者、科技工作者、医疗工作者、体育工作者、艺术工作者等；经济领域的著名实业家；传统行业里的能工巧匠；热心公益的著名乡贤；其他有必要收录的人物。

关于“反面人物”立传 就镇村志而言，均属新方志，新方志人物传的传主，主要是对社会有贡献的各类人物。为这些人物立传，就是为了把他们的革命精神、感人事迹、奋斗历程忠实记录下来，流芳百世，对后世起到教育作用。同时，也不能轻视反面人物的警醒作用。反面人物可以适当入志，但要如实揭露他的本来面目，发挥诫勉作用。反面人物立传要慎之又慎，要考虑社会效果，同时必须符合现在的意识形态要求。

2. 人物传记的写法

怎么给人物立传，《地方志书质量规定》第五章“记述”第二十一条“人物传记述传主的生卒年月、籍贯（出生地）、主要经历、典型事迹、个性特征、社会评价等。人物简介略记人物履历及主要事迹，不面面俱到。人物表要素不缺”中，已明确规定人物传的基本要素。

人物的籍贯，特别是古代人物的籍贯，一般都会涉及地名变更，因此人物传在行文的时候，一定要注意使用当时的地名，如昆山《锦溪镇志》中收录的陈三才烈士，人物传中写到其籍贯时表述为“陈定达（1902—

1940），男，字三才，昆山县陈墓镇人”。陈墓镇虽然后来更名为锦溪，但记述陈三才传记的时候，还是只能表述为陈墓。切记不可用编纂时候的地名去称谓过去的地域。

人物传在记述传主的主要经历、典型事迹和个性特征时，要注意用语平实，避免形容词过多。首先要确保人物传的内容真实可靠，令人信服，这是最基本的要求。人物经历和事迹中有疑问的，一定要核实，如果核查不清，宁缺毋滥，绝不能以听闻、据说为资料来源，也不能以编者个人好恶为准绳。有了真实的内容，在写传记的时候，还要处理好人和事的关系。传主一生事迹很多，限于篇幅，不能一一道来，只能选择传主最突出的事迹，避免用一件件事来填满传主的一生，而是用其一生最高光的时刻，突出传主的才能、精神和品格。人物传是为人写事，而不是以事堆人，主次不能颠倒，千万不要有在人物传中写完传主一生成长过程的想法。至于《地方志书质量规定》里提到的社会评价，就是对传主的褒贬。这方面的处理，编者要摒弃主观色彩，客观评价人物的功和过，留有余地，讲究分寸，尤其是近现代人物，可以叙而不议。

人物传的排序，按生年或者卒年排序均可，没有统一规定，按志书凡例要求，全志统一即可。镇村志中的人物传，因为入传人物不会特别多，因此不需要按人物相关属性进行二次分类，按志书凡例要求，全志统一即可。

入志人物数量问题。一般而言，如果是省级以上历史文化名镇、名村，相对来说立传人物会多一些，大部分的镇村志，立传人物的数量不会很多。首次修志的镇村，要尽可能追溯和挖掘历史文献中对乡邦人物的记载，核实史实后列入志书。续修的镇村志，或者历史渊源不是很久远的镇村，立传人物也要尽可能挖掘，挖掘范围参考前文所述。在筛选人物的时候，注意不可滥收，也不能只盯着级别高、职务高的人物，眼睛要学会向下看，在镇村境域内各个行业拔尖的人物，包括能工巧匠和知识分子，他们虽然没有轰轰烈烈的事迹，但为了社会发展和人才培养，作出了应有贡献，虽然平凡，但也堪称伟大，这样的人物，也可设传。

3. 人物简介

人物简介和人物传最根本的区别，在于编纂志书时该人物是否在世。在符合人物收录标准的范围里，立传人物必须是已故的人物，这点毋庸置疑。如果够格立传但还在世的人物，可以选择列入人物简介。人物简介重在“简”，切不可与人物传一样对该人物的事迹娓娓道来，否则就成了变味的人物传。人物简介只需要介绍入志人物的姓名、出生年月、籍贯、主要工作经历和主要成就，工作成就不能过于展开，点到为止即可。

4. 人物表的设置

人物表是在人物传、人物简介之外的一个记载人物的补充形式。就镇村志而言，人物表一般可设“党政干部更迭表”，该表随文放在“组织机构”，不在“人物”中。设“先进人物名录”，注意统一先进人物的入志门槛，如省级以上先进人物；设“烈士名录”，按民政局烈士认定标准，逐一核对后收录，不能遗漏。《周庄镇志》（2014 版）中还设置了“周庄博士硕士一览表”“周庄能工巧匠一览表”。《杨舍镇志》（2017 版）中设置了“副地（师）级及以上干部一览表”“正高级知识分子一览表”等，也是很好的尝试。

人物表的要素设置要符合志书表格规范的要求。以“先进人物表”为例，栏目设计时，一般要包括列表人物的姓名、出生年月、籍贯（镇村志要具体到村或队等）、曾任单位职务职级、荣誉称号、荣誉级别、获奖时间和颁发部门。“烈士名录”还要包括参加革命时间、政治面貌、牺牲时所在单位和职务、牺牲的时间地点和原因。

浙江金华 美丽乡村

甘肃甘南 秘境八角城

5. 关于升格

在镇村志，尤其是名镇名村志的编纂思路中，人物在志书中占据着重要地位。一些镇村有着历史上的杰出人物，按传统编纂思路，一般只在人物传中列传记述，或者在正文相关内容中用“以事系人”的方式出现。中国名镇志文化工程开始后，部分镇志、村志，尝试把杰出人物升格后设立单章，这样既凸显了该人物的地位和贡献，又彰显了志书的特色，取得了很好的效果。如中国名镇志《周庄镇志》，设“沈万三”一章，下设“传奇人生”“沈氏后裔”“历史遗迹”“万三效应”，记述沈万三的生平、家族、现存遗迹和他留给周庄的名人效应。中国名镇志《千灯镇志》设立“顾炎武”单章，记述他的生平、著作、思想主张、现存遗迹和名人效应。这两个人物升格为单章后，整部志书的特色一跃而出，突出了名镇志的“名”。此外还有中国名镇志《阳澄湖镇志》，也对“明四家”之一的沈周进行了类似升格。如果一个镇的杰出人物有多位，也可以两位同时升格，同列一章，如中国名镇志《甪直镇志》，设“高贤硕师”，把陆龟蒙和叶圣陶两位大家一起升格记述。

要做到人物升格单章，第一是该人物必须是境域内真实历史人物，不能是传说或者有归属争议的；第二是该人物必须有相应的历史文献记载，要有可靠的资料；第三，境域内要有该人物活动的遗址遗迹，并且至今仍有保存。同时符合这三点要求的人物，方可考虑升格单章。尤其是第三点，一定要实事求是。有的突出人物，在该镇村可能只停留了很短时间，在该地并无遗迹留存，如果硬设单章，那么志书对他的记述内容，只能流于他在其他地方的贡献，写不出他与本地的联系，这样的名人，不建议升格单章。

有的人物与其他列传人物相比，贡献突出，但又达不到设立单章的要求，还可以采取在“人物”章中进行升格，将该人物的传记列为“人物”

章下第一节，与“人物传略”节平级。这样既体现了该人物的重要程度，也没有违背人物升格单章的标准。

6. 关于“名人履痕”

传统镇村志中，关于人物的记述，除了“人物”章中以传记、简介、名录的形式出现外，一般在正文中采用“以事系人”的方式出现，重在记事。中国名镇志、名村志系列丛书设置“名人与名镇（名村）”类目，江苏名镇名村志设置“名人履痕”，都记述了客籍著名人物在境域内活动的片段。对于此类名人的写法，要注意绝不能将其等同于人物传或者人物简介。人物传和人物简介，均以人名出目，人名即目名。“名人履痕”则是以人物活动事件为条目名，如“徐霞客三游香山”“常建题诗破山寺”“范仲淹拓漕澧通娄江”等。编写类似“名人履痕”的条目，要注意标题一定是用该人物在该地活动的事件为题，条目正文可以简介该人物，但仅一两句即可，切不可展开生平，主要内容为人物活动事件主体，包括时间、地点、事件起因、过程、结果等，篇幅控制在每条两三百字即可。“名人履痕”中收录的人物，主要是客籍人物，因为本籍人物在传记和简介中基本已出现，不必在此记述。客籍人物限于“凡例”规定，名气再大也无法立传。利用“名人履痕”这个概念，就很好地解决了这个问题，把著名人物与本镇本村联系了起来，既不遗漏内容，也可提升本镇本村的声望。“名人履痕”作为“人物”篇的一个分目，一般置于“人物表”之前。

第四节　图表选用及制作

不论是综合志还是专志，一般都会用到图片和表格，用以补文字之不足。最早的地方志以图为主，称为“图经”“图志”，后来，图和表逐渐成为志书常用的体裁之一。现在一般称呼的图表，包括地图、示意图、照片和各类表格。

1. 关于志书中的“图”

镇村志中常用的图主要是各类地图和示意图。《地方志书质量规定》第三章“体例”第十一条规定：“图、照注重典型性、资料性，从不同角度反映变化的情况。卷首插图包括本行政区域位置图、地形图、行政区划图、交通图等。地图采用国家测绘部门和有关部门绘制或者审定的。重要地理信息数据采用测绘部门公布的法定数据。”第五章“记述”第二十二条规定：“图的制作规范，要素齐全，包括必要的图题、图例和注记。”

地图 地图的作用在于认识一地的方位和境域范围。镇村志的彩页部分都会附有该境域的行政区划图，因为地图涉及疆域区划范围，不能有丝毫差错，有的镇还会涉及与邻市、邻省甚至邻国的边界地区，如果地图有误，则会引起不必要的纠纷。地图必须有专业测绘部门审查批准，在地图上配有审图号，类似“图苏 E 审（2020）043 号”。一般志书所配地图的绘制时间与志书下限时间或者出版时间保持一致，地图要有规范的名称，如“×× 镇行政区划图”，要有编制单位，如“江苏 ×× 地理信息科技有限公司编制”的落款。

示意图 示意图包括位置图、平面图、旅游景点分布图、手绘图等。中国的行政区划概念，一般到乡镇一级为止，村一级不提行政区划概念。村志在卷首地图中，一般采用位置示意图和平面示意图的方式，体现该村在本市、本省的位置和基本平面轮廓。镇志除了有标准地图外，也可以加一张位置图。中国名镇志、中国名村志文化工程实施方案中明确规定，在中国名镇志、名村志的卷首，要设置该地在中国的位置图，该地在该省的位置图，镇要有行政区划图，村要有平面示意图。

平面图注意要有该村的轮廓线，村里的各个点位不用面面俱到，要注意突出村里的特色资源，如村委会、自然村、遗址遗迹、主要山水和道路等。平面图要有方位显示，一般以“上北下南”为准。

如果是历史文化名镇、名村，或者以旅游见长的镇村，在篇首彩页插图中，可以加入类似古迹分布图、旅游点位图等，把主要的古迹遗存、旅游景点标注清楚，这样该地的重要点位一目了然，也便于读者按图索骥。除此之外，还可以按实际情况，设置类似行政村、社区分布示意图，住房安置图等。

在示意图中，还可以采用手绘图的方式，用以描绘历史上曾经存在但现已消亡的内容，如曾经兴旺过的老街、消失的自然村落等。如昆山市、吴中区、苏州工业园区、相城区编写的自然村落变迁图志，每个自然村都配有一个示意图，把留在老一辈人记忆中的村落结构用手绘方式再现出来，也是抢救历史的一种方法。

2. 关于入志的照片

照片入志，早在首轮修志中就已实现，但彼时一般只在志书卷首设置彩页，篇幅多少也无统一要求，除彩页外，志书正文基本为黑白印刷的纯文字版。这种照片入志的方式，一是照片总体数量较少，不足以作为文字的有力补充；二是正文记述内容缺少照片的及时展现，志书排版美观性不够，也影响读者的阅读感受。

自第二轮修志以来，照片入志已成常态，卷前彩页和志书正文入志照片互补共荣，图随文走，相互呼应，志书也通常采用全书彩印的方式，增强了志书的可读性。随着照片在志书中的地位越来越重要，编者有必要把握好照片入志的原则。照片入志，一要坚持真实性，必须是事物的本来面貌，一般不建议摆拍，效果图不能入志。二是要坚持存史性，照片是历史的瞬间定格，入志照片要有永久保存历史的必要性，带有宣传性、广告性的照片，一般不入志。第三，入志照片要保证清晰度，交付出版社的时候，照片不能事先调图，要交付原图，便于出版社美术编辑后期统一加工处理。

传统镇村志、名镇名村志，对照片入志有不同的要求。传统志的入志照片存史意义列第一，无论是镇村建设、经济发展还是百姓生活，在节点上有照片留痕是第一要务，因此传统志中会有空镜头照片、会议照片、仪式照片等不同场面，美观度较高的照片，选择放在彩页，美观度不足但信息足够的照片，放入正文。名镇名村志对照片的要求，要比传统志来得更高。以江苏名镇名村志为例，对图片的美观度要求极高，一般要有航拍图显示镇村轮廓风貌，要有微观图显示细节，图片要兼顾横幅、竖幅的配比。江苏名镇名村志的排版方式，较之传统志更为大胆，篇与篇之间的隔页，均用满幅竖版图，有的横幅照采用跨页、半跨页的形式，甚是夺人眼球，效果极为出色。这就要求镇村志主编在选择照片的时候，要扩大征集范围，要从宣传、文化等相关部门进行征集，如果没有美观度较高的照片，建议镇村志编纂单位组织一次摄影比赛，因为名镇名村志的入志照片，最好是出自专业摄影师之手，在构图、色彩、角度上，对比普通人而言，照片会精彩得多。如果追求志书入志照片的出彩，那一定要有专业摄影师的参与，主编可以与当地摄影协会联系，按需求进行征集或组织采风，为志书照片进行积累。张家港市塘桥镇金村村，编写名村志过程中发现现有照片无法满足志书要求，随即组织摄影大赛，评出的优秀作品后来大部分都能被志书利用，整体效果非常出彩。

3. 关于表格

志书中的表格，一般分为两种类型，一是用文字填写，按不同事项设置栏目，以时间或者类别排序；一种是统计表，主要用数字填写。表格设置要根据需要，切不可随意设表，档案资料中不管有什么表，直接搬到志书上，显示资料丰富的做法，是不可取的。表格的作用还是作为文字的辅助，不能以表代文，也不能文表重复。表格运用常见的错误有：志书节下条目都是表格，只要涉及数字，统统列表；有的表格篇幅过长，超过文字部分太多，显得“表重文轻”；能概括全貌的表格被分解成多个明细表，破坏完整性等。

表格运用的正确方法，首先，要精选表格内容，当用则用，可不用的尽量不用。如果记述的时间跨度较长、涉及空间较大、文字不易表述或者表述时重复词汇较多的内容，可以设为表格。如果仅是记载几个年代或者几个项目内容，用文字即可表述清楚的，均不必设表。其次，在控制表格设置数量之外，对于必设的表格，要设计好表格栏目，表格栏目的设置要坚持“突出要项、不漏要素”的原则，栏目不宜过宽，一般不超过书页的篇目，尽量设计为竖表，非必要不设置横表。表格栏目一般横项为事物内容，竖向列出年份或者地区，无论是横排还是竖排项目，一定要按照同类同级的原则设置，避免概念和逻辑的错误。最后，表格中如果涉及年份过长，如果不是为了体现变化规律的内容，可以考虑设置“选年表”，压缩折叠非关键年份，保留能体现阶段性和有代表性的年份，避免相近数据的冗长展现，节省篇幅。

《地方志书质量规定》第七章“行文”第三十七条对表格设计规范作了明确要求：“表格包括表序、表题、表体和必要的表注等。表题的时间、范围、主体内容和表格性质等要素齐全。全书表格样式、编号统一。”表格规范首看表题，表题必须包括地点（单位）、时间、事项内容三个要素，表的内容一目了然。表题居中，左侧为表序，一般表序以志书第一个层级为序排列，如某部志书第一章第一节中第一个表，表序即为“表1-1-1”，第三章第二节第五个表，即为“表3-2-5”。表的右侧一般为计量单位，如果全表只有一个计量单位，则在表格右肩标注，如“单位：万元”。如果全表计量单位为两个或者两个以上，则不同的计量单位必须在相应栏目中进行标注，表格右肩不得出现类似“单位：万元、个”这样两个及两个以上并列的单位标注。表格如果篇幅较长，超过志书单页，则在下一页表格顶部要标注“续表”，跨页续表一般要保留横排项目。值得一提的是，很多志书中的表格，都会设置一个“备注”栏目，初始原因是对部分栏目里的内容进行补充说明，但由于备注中字数参差不齐，且并非每格都会有注，因此“备注”栏与表中其他栏目显得格格不入。志书中的表格，一般不再设置“备注”栏，如果确有部分栏目需要加以文字说明的，尤其是一些统计表，可以在表格下方设置“表注”，一般为资料或者数据的来源，对表内某些问题的解释，表注的文字尽量做到简明扼要，切不可事无巨细、滔滔不绝，否则就是画蛇添足。如果需要注解的内容较多，就要反思表格栏目设置的合理性，实在属于内容需要，可用“附注”代替“备注”栏。

此外，有的表格套用资料中的现成统计表，表格左右两侧保留外框线，需要进行处理，志书表格一律均为开敞（开放式）三线表，即表格左右两侧均没有设置外框线。有的表格在栏目划线方式上沿用了原稿的方式，左上角会出现斜向分割线，这在志书表格中一律要摒弃。

第五节 音视频选用及制作

江苏名镇名村志编纂工作启动以来，在篇目架构和装帧设计上相较传统镇村志而言，有较大的创新，尤其是在全国首创了“全媒体”概念，改变了传统志书文字记录为主的方式，将音视频纳入志书内容，使志书从无声到有声，从平面到立体，从静态到动态，极大增强了志书的信息量，弥补了传统志书可读性不强的短板。

1. 音视频选用

志书对音视频的选用，并不是多多益善，追求数量不重质量，而是要根据志书篇目和正文内容，有选择地收录。以《江苏名镇·东山镇志》为例，共收录37个视频，第一篇“镇情概览”的无题序下，配有“东山综合介绍”视频，视频时长9分20秒，内容是对东山镇的综合介绍，其下配有说明文字，“东山，中国历史文化名镇，如果说太湖是我们的母亲湖，那么苏州和东山就是她儒雅的子孙。东山的人文荟萃、风景秀丽、物产丰富已经无法用更多的语言和文字表达，人们概括了12个字‘太湖中的明珠，天堂中的天堂’”。因为“镇情概览”是对该镇的一个整体介绍，所以配的视频即为综合性宣传片，包括东山的历史人文、经济发展、物产民生等，使读者对东山有一个较为完整的了解。“自然环境”条目中，收录两则视频，一则名为“水韵东山”，时长50秒，配有视频说明，“太湖是中国五大淡水湖中最美的湖泊，‘太湖美，美就美在太湖水’，东山人民为了让太湖的山更青水更绿做出了不懈的努力”。另一则名为“生态环境”，时长1分10秒，配有“为了保护太湖环境，东山作出了经济利益的牺牲，如今的太湖真的是‘水上有白帆，水下有红菱，水边芦苇青，水底鱼虾肥，湖水织出灌溉网，稻香果香绕湖飞’，成为人间天堂了”的文字说明。两则视频的内容包括东山的太湖风光、绿色生态、水环境治理、湿地建设等，其画面和配音均围绕东山的自然环境和环境保护展开，做到了视频与志书内容的相结合。

在体现历史文化和景区景点等与旅游相关的篇章中，视频是最容易出彩的地方。如《东山镇志》在“文物古迹”中配有“紫金庵”，时长2分20秒，通过视频，读者可以清晰地了解到“天下罗汉两堂半”，而东山独占一堂的风采。为了体现春在楼这一全国重点文物保护单位的价值所在，编者共用了四段视频，时长分别从50多秒到2分钟不一，以“综合介绍”“砖雕门楼”“木雕”“孩儿莲”介绍了春在楼作为“江南第一楼”在雕刻上的突出特色。原本的文物，落在纸面上虽有文字陈述之美，也有照片佐证，但始终不及视频来得直观和直接，此处的视频，当数志书内容的“画龙点睛”之笔。随后，编者又在“三山岛旧石器时代遗址”内容旁配上遗址与出土文物的视频，使得读者在画外音的娓娓道来中，一下子记住了“先有三山岛，后有苏州城”的“三山文化”。其他如“旅游开发”中记述到陆巷、杨湾、三山村这三个中国历史文化名村的时候，各自选取了一段视频，虽然时长均不满一分钟，但在画面的引导下，太湖第一古村——陆巷、太湖蓬莱——三山岛、一村三处全国重点文物保护单位——杨湾、洞庭商帮发源地——翁巷古村，这四个标签，真真实实地做到了“跃然纸上”，这是视频对志书内容的完美补充，也是文字对视频的完美诠释。

此外，一地的物产美食，最宜用视频来体现。东山镇最有名的物产当然是洞庭碧螺春，因此在升格处理的“洞庭碧螺春”篇中，配上了时长5分48秒的视频，展示了碧螺春的生长环境、采摘方式、炒制技艺、非遗保护传承、品牌塑造等方面内容，优美的画面与志书文字相得益彰，观后犹如茶香在侧，令人悠然神往。东山镇还有太湖大闸蟹、太湖莼菜、羊肉、各类湖鲜和地方小吃，一段段视频有的体现山野采摘之趣，有的介绍美食制作过程，使原本平面介绍的文字，在视频的加持下，顿时立体了起来，达到了视频入志的最佳效果。

镇村志中关于“风土民情”的内容，同样适合配上相关视频。如东山镇有“台阁”“抬猛将”这些传统民俗，极具地方特色，光从文字上看，只能了解民俗的大概情况，很难有直观印象。“台阁”文字就配有近4分钟的台阁介绍和表演视频，“抬猛将”更是用了两段视频，长达十多分钟，视频中展示的民俗画面，从民俗起源到装备道具，更有场面宏大的活动现场，一下子把读者拉入极具烟火气的民俗现场，氛围感十足，这是传统志书难以企及的。除此之外，《东山镇志》还收录了传统技艺、年俗、节庆等视频，极大丰富了志书的信息量，也让读者的视野不再停留于书本的字里行间，真正大饱了“眼福”。《东山镇志》收录的均为视频，其他镇村志如果要收录音频的话，可以在“方言俗语”“民歌民谣”以及相关曲艺类的内容中加以筛选。

镇村志收录音视频，要按照“1+N”的原则，“1”是要有一个相对较为完整的综合性视频，对该镇村进行一个整体介绍；“N”是对照志书相关内容，在能反映该地特色的条目下，配以不同数量的音视频，对志书进行拓展和补充。

2. 音视频来源与制作

镇村志中收录的音视频，来源渠道一般包括以下几个途径：一是编纂主体组织拍摄的宣传片，如《东山镇志》收录的首个视频“东山综合介绍”就是源自东山镇文商旅的宣传片。陆巷、杨湾、三山的视频出处是在编修“中国名村志”时配套拍摄的宣传片。二是各个电视台曾经做过的节目。如《东山镇志》收录的美食视频，基本来自央视科教频道的美食文化类节目《味道》系列和《文明密码》系列。相关的景区景点，部分也采用了苏州广电总台的新闻片段。三是征集而来的视频，像“抬猛将”习俗视频就来自第一届东山大学生纪录短片大赛里的作品。

音视频的制作，一般交由专业技术人员负责，编者的任务在于确定各个音视频的起讫点。因为志书中收录的音视频，一般来说，不直接将原视频全部纳入，而是在涉及相关内容部分，进行切割。编者确定好音视频的起讫点后，由专业技术人员运用相关软件，进行收录部分的剥离，然后再加上统一的音视频开头画面即可，如“江苏名镇名村志”系列，志书中收录的视频，统一在片头设置标题，主标题为视频名称，如“明式家具制作”，第二行为副标题“江苏名镇名村微视频系列志”，这样就显得规范且协调。

3. 音视频入志方法

在志书中加入音视频，目前采用的是在志书相应位置印上二维码，读者用手机扫码后，即可在手机端浏览视频或者听取音频。二维码是音视频入志的前端显示方式，实际上，二维码包含的信息是该音视频在互联网上存储的地址，经扫描解码后触发打开音视频的关联操作。“江苏名镇名村志”丛书中所用到的音视频，先由各编纂单位准备好素材后，通过江苏省地方志工作办公室提供的互联网地址进行上传，由江苏省地方志工作办公室负责生成二维码并返回编纂单位，最终随定稿一起发给出版社。每个二维码对应的就是一个个地址，每个地址打开就是一个音频或者视频，由此实现阅读的延伸，这就是“全媒体”志书。

江苏省地方志工作办公室通过省政务云平台来实现音视频的存储，从信息安全上讲是最有利也最有保障的。目前社会上有文化广告公司也提供类似服务，可以对资料进行云存储，然后生成二维码或者其他链接形式，实现在线阅读。但类似这种的第三方公司在服务质量、保存年限、网络安全方面均无法与政务云相比，各编纂单位要谨慎对待，优先选择各级政务云。

第六节　附录编写

地方志的体裁，一般由“述、记、志、传、图、表、录”组成，其中的“录”，指的就是收录相关杂事的篇章，旧志早已有之，也称别录、丛谈、编余等。新方志也保留了这一体例，在《地方志书质量规定》第三章第十一条第七款中对“录”解释为“附录的原始文献、补遗考订等资料具有重要存史价值”。

1. 附录的位置

从目前出版的志书来看，附录一般放在整部志书末，或者按需求，置于章节之末，也有少量会出现在文字表述之中。

《中国名镇志文化工程实施方案（2022年修订）》把附录作为基本篇目中一个章节，放在篇目末尾，并要求设置文献辑录和艺文目录两个分目。文献辑录，收录对本地发展具有重要意义及价值的文件、规划、文献，名镇发展经验、发展模式和发展道路的专题调研报告，篇幅过长者可节录；艺文目录，收录歌咏本地有代表性的诗词文赋，本籍人士在省级及以上报刊公开发表的文章、公开出版的文献书目，不收录原文，著录要素为著述名称、卷数、作者籍贯、版本、收藏信息等。《中国名村志文化工程实施方案（2022年修订）》中对附录的要求与名镇志保持一致。

江苏名镇名村志丛书在基本篇目中未将附录作为一个单独的篇目进行设置，而是建议在具体章节中有针对性地设置附录，如在“自然环境”中可附录历史上重要灾害情况、“人口民族”中可附90岁以上老人名录、“精神文明”中附录乡规民约等。

从上述两种类型的名镇名村志实施方案来看，附录出现的位置大相径庭，两种设置方式在志书篇目设计上，都允许出现，但一般不同时出现。也就是说，如果一部志书在篇目中设有附录这一篇章，那么在正文其他篇章中，就不建议随文出现“附录××”内容，而是要把附的内容集中在附录篇中统一处理。如果在正文某一篇章中确有内容适合随文出现的，那么可以考虑使用“链接”或者“专记”的方式进行处理。

2. 附录的内容选择

附录收录的内容，在地方志编纂的各个时期各不相同，总的来说，随着篇目设计得越来越合理，入志资料尽可能做到有类可归，附录的范围和内容也越来越趋于弱化。上文所提中国名镇志丛书的附录内容，包括各类文献和艺文内容，如果按此收录，确能撑起一章。但这仅对中国名镇志、名村志有参考价值，并不能推广到其他类型的镇村志。一部传统的镇村志，如果该地有较多的歌咏本地的诗词文赋，有较多的文人作者，那建议在正文中直接设置“艺文”章，统一收录，“艺文”章记述要点，可参考本书相关部分。江苏名镇名村志的附录设计方式，较为灵活，是作为正文内容的有效补充。

附录收录的内容，是属于在正文中“无类可归”但又弃之可惜的资料。志书不是档案也不是资料集，有价值的内容不可能都塞进附录，一般来说，镇村志在编纂过程中，如果单独设置附录的话，建议以收录各类文献为主，也就是说，附录起到一个文献辑存的作用。收录这类文献的标准，可以参照中国名镇志中要求的“对本地发展具有重要意义及价值的文件、规划、文献”，再加上省级以上新闻媒体对本地的宣传报道文章。以《周庄镇志》为例，设置“志余”一章，下设五个类目，一是志乘概况，介绍周庄历史上两部旧志、一部新志的大概内容；二是史料辑要，对周庄三部重要史料进行简介，对境内碑文进行整理和点校，此外还收录了中央电视台拍摄的周庄专题片解说词的节选；三是文件选辑，收录“关于周庄等六个乡撤乡设镇的通知”“关于稳定完善农村土地承包关系、发放经营权证书的实施意见”“关于同意成立国家火炬计划昆山传感器产业基地的批复”“关于公布中国历史文化名镇（村）（第一批）的通知”等10个重要文件；四是申报名镇文本材料，包括申请列入世界文化遗产预备清单、2000 年联合国改善居住环境最佳范例奖文本等 6 个文本；五是对与周庄得名有关的周迪功郎进行史料考证。《周庄镇志》“志余”篇其实就是附录，收录的内容丰富，相较正文来说，对几部文献的介绍在艺文中只是以书目的方式出现，并未展开介绍，编者觉得有必要再加阐述，因此在附录中加以内容的展现，这是可以的。此外主要是周庄镇建设发展过程中的几个重要节点上出台的文件和申报的文本，辑录在此的作用，可以用原始资料对志书正文做一个相互印证和补充。

《周庄镇志》的附录设置比较全面，也兼具周庄作为一个中国历史文化名镇的特色，附录内容较为全面。张家港《塘桥镇志》的志余设有“文件辑录”“著作存目”“乡土诗文”“轶事传说”“侵华日军在塘桥的暴行”五个分目，除重要文献外，因为《塘桥镇志》没有专设“艺文”篇，所以把艺文相关内容放在附录中加以体现，侵华日军暴行，在正文中也没有相关章节可供收录，因此附录一并收录也是可以的。有的镇志，还有把中华人民共和国成立后的一些政治运动的内容放在附录中，这在首轮修志的时候是常用的一种手法，但如果要收录相关内容，一定要谨慎，要按照相关文件要求，把握入志内容的尺度，避免在意识形态上出现问题。有的镇村志虽也设有“志余”，但其中仅收录有关民间传说、兵事记录和其他旧闻逸事，这样的志余用现在的编纂眼光来看，是不符合“附录”的相关要求的，附录内容还是要以重要的文件、文献辑录为主。

3. 附录编纂注意事项

附录虽然可以看作资料的汇总，但也不能认为“附录是个筐，啥都往里装”。附录编纂首先要注意辑录内容不能过于庞杂，不能把所有没法归类的资料放在附录中加以堆砌，形成一个大杂烩。能入附录的内容，要注意是对正文内容有佐证、补充和深化作用的；对镇村建设发展有经验介绍可供研究借鉴的；有地方特色的；等等。其次，附录收录的资料与正文一样，也要观点正确，意识形态无误。传说故事过于离奇、封建迷信色彩浓重的，不宜入志。最后，附录中的文件一般选择原文入志，并标明出处，便于读者查找使用。如果原文较长，可以选择重要段落进行摘录节选。

江西婺源 日出晨雾

7

第七章

总纂统稿

总纂统稿是镇村志编纂中的一个重要环节，是志稿编辑加工成书的重要阶段，也是志稿实现质量提升的关键步骤。总纂不是各分志初稿的简单拼接，而是对各分志初稿按照统一的体例、统一的文风、统一的资料选择要求进行总体修改，把成于众手的分志初稿编纂成为一部有机联系的著作，使志稿在初稿的基础上实现质的提升，达到整体优化。

方志学家瞿宣颖在其《志例丛话》中总结古代修志经验时说："众手修书，自古难之，古人官修之志所以能佳者，全在一学识超卓、精力弥满之人一手鉴裁。"

第一节　总纂的含义

"总"，意思是总括、汇集、统领，要义为汇总各部分成为一体；"纂"，意思是编纂，含有编撰、纂集等意思。"总"与"纂"组成一个词，基本含义就是统揽编纂，也即统稿。清代国史馆、会典馆等中央编纂机构均设有"总裁"，大体即今天的"总纂"。

"总纂"在修志中有双层意思，既是指事，又是指人。

指事，就是指志书初稿完成后的合成加工。具体来说，总纂就是按照已经确定的全书宗旨、体例、凡例，从总体到局部，从宏观到微观，从纵向到横向，将分工编纂的分志初稿合成加工为一书，使全书各部分联系更紧密协调，框架更科学有序，观点更客观正确，体例更完备齐全，资料更全面系统，语言更精练流畅，文风更统一规范。这个合成加工，是对志稿从头到尾进行精雕细刻，从而实现全书质量的提升。

指人，就是瞿宣颖所谓的"学识超卓、精力弥满之人"，指一部志书的统稿者、统纂者。从目前新方志修编的实际情况来看，多数设主编，也有设总纂的，而且设总纂的地方志越来越多。主编和总纂的区别在于主编侧重于行政，总纂侧重于业务。

第二节 总纂的作用

总纂作为镇村志编纂不可忽视的工作环节和质量提升的关键阶段，在成书过程中的作用十分重要。

1. 只有通过总纂，才能把分散的各章志稿合成一部合格的志书

在总纂之前，镇村志初稿少则七八章，多则二三十章，成于众手，难免存在体例不一、资料交叉、内容重复、文风各异等问题。总纂的过程，就是按照一定的原则，将分散的各章初稿有机地合成一书。总纂的重要性，在于它是一部志书之总成，对各部分统一要求，系统加工，消除差异，强化各章之间的联系，使各章初稿逐渐融入志书的整体之中。总纂是镇村志编纂活动中一个深度锻造熔铸的过程。

2. 只有通过总纂，才能统一处理全志所有的重大疑难和遗留问题

总纂是发现问题、解决问题的过程。在众手成志的过程中，许多问题是隐性的，由于局限在一章一节中，不一定能被发现并处理。比如结构不平衡问题，某志书中的乡土文化章和特色产业章，前者篇幅 3 万字，后者篇幅 1 万字，属于畸轻畸重；比如量词的使用，企业的单位可以用“家”，也可以用“个”“户”，案件的单位可以用“件”，也可以用“起”，在各章初稿中都不算问题，但总纂时应修改一致。比如交叉重复问题，古桥古巷可以放旅游章，也可以放镇街建设章，在总纂时应有意识地错开资料取舍和记述角度。总之，凡是作者和编辑不能处理或没有解决的问题，总纂不能推卸责任，必须对重大疑难问题和遗留问题作出明确的决断和处理。

3. 只有通过总纂，才能全方位地提高整部志书的质量

总纂对志稿质量全方位负责，对全书的质量提升起关键作用。总纂要站在历史的高度、读者的角度来统揽全书，做到统一集中、高屋建瓴、精雕细刻。要按照总纂方案反复斟酌、修改、优化，最终达到优化结构、深化资料、规范体例、统一文风的要求。

第三节　总纂的职责

总纂是志书的指挥者、把关者，总纂对志书质量负全责。其职责有以下几项：

1. 组建总纂班子

一部镇村志的初稿往往有数十万字，单靠一人之力，无论从学识来讲，还是从精力来说，都难以在短期内完成总纂工作，因此有必要成立一个总纂班子，明确总纂负责人和成员，实行集中统一领导下的分工负责制。通常情况下，一般问题由总纂班子成员按总纂方案处理。遇到重大疑难问题，应及时召开总纂工作会议，由总纂班子全体成员共同研讨交流，提出解决方案，总纂拍板决定，然后分头实施。

2. 制定总纂方案

根据本部镇村志的编纂组织特点以及总纂班子成员学识、阅历等情况，制定切合实际的总纂方案。总纂方案主要确定总纂原则、指导思想、组织领导、体例要求、任务分工、办法步骤、质量标准以及行文通则等，以便修改工作有章可循。总纂方案一经确定，应形成正式文件，供全体总纂人员严格执行。制定总纂方案的同时，要对修志启动之初拟定的凡例和行文通则进行切合实际的修订。

3. 牵头志书统稿

总纂牵头总纂班子成员对全书进行修改，最后阶段实行一支笔统稿。总纂对所有的文字都要看，所有的图片表格都要审核，对志稿的优点、成功之处和缺点、不足之处，都要记录下来，作出实事求是的评估，做到既宏观驾驭调控，又微观纠误删补；既处理好志书的总体结构、交叉重复、前后矛盾等问题，又统一行文规范和文风，把好全书的政治关、史实关、体例关、文字关、保密关。总纂业务连贯性强，只有集中时间排除干扰连续作战，才能保持清晰、连贯的思路，最好能一鼓作气、一气呵成。

4. 组织志稿评议

总纂负责召开志稿评议会，聘请有关领导、方志专家、地情专家和保密、档案等有关人员参加，对志稿从不同角度、不同层面提出修改意见和建议。评议会可以一次性召开，也可以分层次、分章节多次召开。评议会提出的意见，总纂要组织梳理、汇总，并会同总纂班子成员研讨分析，确定哪些意见可以吸收，哪些意见需要核实。评议会应该集思广益，弥补总纂班子成员因文化素质、理论素养、社会阅历不同而造成的专门业务知识方面的不足。

第四节　总纂的方法

镇村志的总纂，可采取四步总纂法，由泛读到通读、精读，再到回头看，是一个由粗到精、由宏观到中观再到微观逐步深入的过程。

1. 泛读志稿，做出能否总纂的总体定性

总纂接到镇村志初稿后，要先采取浏览的方法，从整体看初稿是否具备总纂的基础。这些基础条件包括：结构是否完整，篇目设置是否科学，内容是否反映本地的实际面貌，资料是否全面，特色是否鲜明，七种体裁（述、记、志、传、图、表、录）是否运用得当。这一步总纂旨在实施宏观优化，发现全局性、根本性问题，并采取相应调整措施。对需要各方协力配合才能解决的重大问题，如篇目框架的调整、缺漏资料的增补、重大史实的核实等，要尽早向总纂班子成员或者作者提出，协商修改。

2. 通读志稿，找出所有问题并力求全面解决问题

总纂要通读篇目和志稿，解决篇目交叉重复、层次错乱杂糅、内容缺漏冗余、资料归类不当、标题提炼欠规范等问题。对篇目、层次存在的问题，要按照逻辑关系进行调整，一些特色事项可作升格或前置处理，特别是名镇名村志更要注重在篇目中就把特色和亮点凸显出来。此次调整后，篇目不再作大的调整。对内容和行文中存在的问题，要按照总纂方案和修订后的凡例，认真修改完善；对需进行较大修改和彻底修改的章节，分类列出问题清单，分配给总纂班子成员或作者分头落实修改。待总纂班子成员或作者完成补充资料、核实史实、处理图表等任务后，总纂要一处一处对应核实，确保增补、删除、订正、调整、润色等工作全面处理到位，使差错、失误减少到最低限度。这一步总纂聚焦中观调整，是和第一步总纂中发现的宏观问题、全局性、根本性问题结合起来的通改，对提升志稿质量至关重要。

3. 精读志稿，全面把关字词、标点、数据、图片等细节问题

总纂时要对照《地方志书质量规定》《出版物上数字用法》《标点符号用法》等规定和行文通则，从第一个字到最后一个字，从第一张图照到最后一张图照，从第一张表格到最后一张表格，逐章逐节逐目精雕细琢、加工润饰。这一步总纂实施微观纠误，对志稿中每一段文字、每一个细节，包括语法结构、标点符号、错字别字、人名地名、单位称谓、地图照片、数据计算等，进行细化处理。这个环节考验总纂班子成员的细心、耐心、责任心和基本功。

4. 开展“回头看”，发现“漏网之鱼”

镇村志的总纂不可能一蹴而就、一劳永逸。精读修改完成后，总纂还要选取重点章节、重要内容开展“回头看”，通过各章节之间的横向比较看增删取舍是否适宜，通过与相邻相近镇村志的比较看地情乡情是否突出，看细节问题修改是否彻底、查漏补缺是否到位。总纂还要带着挑剔的目光审视全稿，看有没有未被发现的问题，如有，及时安排处理。与此同时，进一步完善序言、凡例、编后记等，为形成终审稿、进入出版程序做好准备。

第五节 总纂的任务

2008 年中指组印发的《地方志书质量规定》，提出新编地方志书 9 个方面 36 字的质量标准，即观点正确、体例严谨、内容全面、特色鲜明、记述准确、资料翔实、表达通顺、文风端正、印制规范，其中前 8 个方面 32 字都是总纂环节需要坚持的标准和完成的任务。

1. 提升志书设计的整体性

进入总纂环节，修正志书总体设计中的一些不足和问题、完善全志的顶层设计是第一位的任务。总纂需要站在全志高度，审视志书总体设计。具体来说，可以从结构、框架、篇幅、层次四个方面来把握：

结构 看序言、凡例、编委会、终审验收单位、目录、总述、大事记、正文章节、图表、编后记这些志书必需的要件缺不缺，看第一层次章是否统一设置了章下小序，地图、照片的选择和编排是否妥当，是否做到了七体（述、记、志、传、图、表、录）并用。

框架 对篇目框架要反复斟酌、反复思考，科学调整。具体来说就是根据地情和资料情况，对篇目进行分、合、升、降、挪处理，该分开的要分开，该合并的要合并，该升格的要升格，该降格的要降格，位置不对的要挪移。比如传统镇村志强调框架的“全”，要求全面系统，侧重于存史；名镇名村志强调框架的“特”，要求特色鲜明，侧重于为现实服务。两者对框架设计的要求是不一样的，在总纂时要注意把握。

篇幅 传统镇志篇幅宜控制在70万—80万字，传统村志篇幅宜控制在30万字左右；名镇志篇幅宜控制在12万—15万字，名村志篇幅宜控制在9万—12万字。

层次 一般而言，镇村志层次不宜太繁，以章、节、目三个层次为宜，有的可能只有章和节两个层次。总纂统稿应尽量做到章辖节、节辖目，统属清晰；章与章、节与节、目与目是平行关系；各章下层次应相对统一，避免繁简悬殊导致的志书整体布局的不平衡。

2. 提升篇目设置的科学性

篇目框架是志书编纂的指南，也是总纂审视的重点，既要有整体观念，又要有局部考量；既要有基本体式，又要有区域特色。总纂审视篇目设置，可以从以下四个方面考虑：

看自然、政治、经济、文化、社会、生态各部类是否齐全，逻辑关系是否清晰 章与章、节与节、目与目之间，是否横向并列，平起平坐；章与节、节与目之间，是否纵向隶属，各有统辖。同一层次是否坚持用同一分类标准，避免交叉重复。

看是否符合地情实际，时代特色和地域特色是否鲜明突出　镇村志要充分考虑乡镇个性，不要求面面俱到，而要突出本镇本村的主体事物、典型事物。如工业、农业、服务业章的设置可根据乡镇、村的产业特色合理设置，不可千书一面。总纂要善于从地理环境、自然生态、地域文化、特色经济、地方名人等方面，挖掘、定格、升格处理属于本地的特色亮点内容，审视这些特色亮点内容在章、节、目层次是否得到了全面系统的反映。如没有，要想办法弥补。

看前后排列顺序是否合理　镇村志章、节、目同一层次内容的前后排列次序应合理，在逻辑上应相互照应。或者按事物内在的有机联系，或者按重要程度，或者按时间先后排列，不能杂乱无章。比如特色产业，一般指经济，放经济部类，不能与文化部类、社会部类排在一起。

看同类事物是否对等设置　机构、学校、医院等实体性单位要不要入志，全志应统一标准，教育章如介绍学校，则卫生健康章也应介绍医院。同类事物设章节目的层次也要对等，不能有的高有的低，如工业名优产品的介绍作"附"处理，而海洋渔业产品却设"目"，就违反了对等原则，都需要总纂处理。

3. 提升标题提炼的精当性

志书各级篇目的标题要求准确、简洁、朴实、醒目。

题文相符　看各级标题和所辖各层次内容是否相合、一致，杜绝文不对题、牛头不对马嘴的现象。如"耕读传家"目，如果内容写该地是江边小镇、红色的热土，则标题和内容就大相径庭了。"水土保持公报""水土保持"两个标题，前者侧重"公报"，后者侧重"水土保持工作"，内涵和外延都不同，则释文的侧重点是不一样的。总纂提炼标题不可不慎。

领属得当　看标题之间领属关系是否得当，从内涵外延看，能否被上一级标题辖住，能否辖住下一级标题，总体上要处理好层级关系。还要避免章与节、节与目“父子同名”。

简洁明了 标题应清楚明白，忌含糊不清；应直书其事，忌用形容词、副词去修饰。

单项立目 无论哪一级标题，特别是最后一级标题，应一事一标题，忌包含两层以上含义。一旦包含两类以上事物，在纵写过程中就会顾此失彼，看似是标题问题，实际是分类立目的问题。

4. 提升志稿观点的正确性

政治观点是志书的灵魂，是大是大非问题。镇村志各章节初稿由多人编写而成，不同的编纂人员看待事物的观点不可能完全一致，这就需要总纂通览志稿，明断是非，纠正偏颇，保证志稿观点正确。

看志稿指导思想是否准确，是否在政治观点上和党中央保持一致，是否坚持了辩证唯物主义、历史唯物主义和实事求是的原则 凡是内容和行文不能正确体现以马克思列宁主义、毛泽东思想、邓小平理论、“三个代表”重要思想、科学发展观、习近平新时代中国特色社会主义思想为指导，不能正确体现党的十八大以来所确定的路线、方针、政策，特别是在政治部类中和党中央要求不一致的记述，都要严格把关，及时修改。坚持以正确的指导思想贯穿修志全过程，是镇村志编纂的首要标准，也是镇村志总纂统稿必须坚持的首要标准。

看志稿是否符合党的统一战线政策、民族政策、宗教政策、保密政策和外交政策 反映统战问题、民族问题、宗教问题一定要着眼于现实政治影响，凡是不利于党的统一战线、不利于民族团结、违背现行宗教政策的地方，均要及时改正。如民族不能等同于少数民族，23个民族与23个少数民族不是一个概念，在总纂时应加以区分。要严格注意保密经济数字和可以公开发表的经济数字的界限，凡是国家规定属于绝密、机密或者目前仍需保密的数字，如重要的生物资源、矿产资源、通信设施等，

江西婺源 壮丽景色

江西婺源 古镇清晨

未经批准，不得记载。重大发明发现、某些独特产品制造工艺上的秘密，上级部门规定不对外公布的，不要记载。一些工艺品的制作技艺，涉及商业秘密，宜粗不宜细。

看志稿涉外、涉港澳台内容表述是否准确，排除因文字不严谨而导致政治观点上的错误　如对台湾冠有“国立”字样的学校和机构，记述时均须去掉“国立”二字。海外和境外含义不同，港澳台地区不属于海外，而属于境外。总纂一定要仔细推敲斟酌，杜绝出现政治观点上的错误。

5. 提升志稿资料取舍的全局性

总纂取舍资料要从全局考虑，看资料是否全面丰富，是否系统连贯，是否真实准确，是否具有存史价值和使用价值，做到取宏观资料、特色资料、主体资料，舍碎片资料、重复资料、内视资料。通过总纂，要确保资料有面有点，点面结合，以面为主，如旅游经济概况与旅游节庆活动，总纂应重点关注旅游人数、旅游总收入等面上情况；有主有次，主次分明，主要归属的事物要作完整记述，有关的事物则只作局部记述，或者通过“链接”“附”的形式附带记述；要有详有略，详略得当，有的资料在这一章、节可作为主体资料详记，在其他相关的章、节则可作为背景资料略记，或作“参见”，避免机械重复；对不同体裁、不同章节的重复内容，总纂要立准记述角度，决定取舍和详略；要有头有尾，头尾呼应，连贯记述事物发生、发展、兴衰起伏的全过程。

新时代编修的镇村志，更应重点关注离下限近的新事物、新业态、新生活，如乡村治理、新时代文明实践、农村环境整治、家庭农场、民宿的兴起发展等，给予这些新事物以浓墨重彩。对于反映镇村基本情况的基础数据如土地面积、耕地面积、人口民族等情况，要高度重视，不可缺漏；各镇村的区位，自然区位要写四至，各自然村之间要写相对方位，给读者以直观的印象。如志稿缺失这些内容，总纂应及时补充。

总纂还要在删繁、去芜上下功夫。删繁，是剪枝打叶，对内视信息、缺乏存史价值的资料、单薄资料、断裂资料、不切题的资料，议论、评论性的语言，过多过繁的引文，过分的背景渲染资料，要果断删除。已经消失的建筑、桥梁、老字号和习俗，可简化后作“附”，不宜入正文。同一主题流水账式逐年记述的文字，要总结规律归纳提炼，以提高入志资料的宏观性、综合性、著述性。去芜，是去其糟粕，凡是消极的内容，如人生礼仪、岁时习俗中的一些已经消失或不太健康的内容，无助于存史、资政、育人，不要保留，要把笔墨用到新风尚、新习俗上。

总纂不能“看菜做饭”，也不能“等米下锅”，总纂过程是一个充分发挥主观能动性、积极发现问题并解决问题的过程。在总纂过程中把握资料取舍的全局性，必须以历史长河的任一时间点的读者的需求为依据，站在读者的角度，把握他们对志稿信息的需求，从而作出正确的取舍。

6. 提升史实记述的准确性

总纂要始终抓住校核史实这一工作重点，发现疑点，及时核实修正，提升史实记述的准确性。

看是否有违历史事实 志稿所记的史实或来自档案，或来自书刊，或来自当事人回忆，由于种种局限，有的会与事实不符，总纂时不可不慎。比如，2006年全国范围内取消了农业税，但有的志书上还记有农业税，实质上是把个别地方征收的耕地占用税和契税当作农业税了，这是不符合史实的。1974年7月，一地连降暴雨54次，平均每天接近2次，这种情况可能较少见，总纂时要核实纠正。

看是否有违常识 有的记述不属于基本史实错误，但不符合常识，总纂时要纠正这些问题。比如，户籍人口与常住人口，经济发达地区一般是常住人口多于户籍人口，经济不发达地区相反。如发现与此常识不符的叙述，总纂时应加以核实。三大产业占比之和不等于100%，编后记、序言的落款时间晚于版权页出版时间，总纂时都应加以订正。

看叙事是否前后矛盾、文表不一、文图不一 有时同一史实在不同章节的记述中会出现前后矛盾、互相打架的情况，文字与表格、文字内容与照片内容出现不一致，总纂时应将同一事物作多角度对照，与大事记、总述对照，发现矛盾和差异及时研究分析，稽实求真。

7. 提升地情反映的宏观性

总纂强化志稿宏观反映地情，常用以下三种方法：

写好总述 每一部镇村志，都需要一篇统领全志的总述，全面系统、高屋建瓴地展示本地基本地情、资源特色、经济社会发展情况，对志书断限内当地各行各业取得的成绩进行总结提炼。总述写得好、编得好，可以起到画龙点睛的作用。

写好章、节下无题序 镇村志第一层次章下要求统一设置无题序，节下不作要求。无题序重在对各章、节的内容进行分析研究和提炼升华，概括叙述章、节所记事物的总体面貌，反映事物因果关系，揭示事物发展规律，给读者一个整体印象。

恰如其分的纵写 志书都在最后一个层次（一般是目，也可以是节）展开纵写。按照时间顺序纵写的过程中要突出发展轨迹和大势大略，不可拘泥于细枝末节，也不可面面俱到记流水账，而应抓住事物的优势和特点，突出事物发展过程中的关键点、转折点、闪光点。总纂过程中如发现有过于琐碎、流水账等问题，应对资料进行综合、分析、提炼，增强资料记述的宏观性。

8. 提升语言表达的精准性

提升语言表达的精准性，主要是指锤炼语言，以较少的文字表达更多的信息，这是总纂的基本功。

追求规范，统一文风 志书除引用历史文献需使用当时文体外，其他一律使用规范的语体文，不用文言文和半文半白、文白夹杂的文体。镇村志的文风可以轻松活泼些，但忌用不为读者熟知的方言、土语、俗话。

追求通顺，文从字顺 这是图书出版的基本要求，也是志书编纂的基本要求。总纂后的志稿要杜绝句子成分短缺、搭配不当等语法问题。

追求精练，文约事丰 志书行文要杜绝假话、大话和空话、套话，做到多一字则繁、少一字则残，惜墨如金，用较少的文字表现丰富的思想内容。

追求准确，字斟句酌 志书反映客观事物，要求语言表达准确，恰如其分，做到言之有物、言之有据，不能词不达意，更不能以辞害意。杜绝宣传口号式、工作总结式写法，“第一”“领先”等说法须有据可查。

追求典雅，画龙点睛 志书的语言不须穿靴戴帽、涂脂抹粉，忌用文学笔法，但要讲究高雅、庄重、流畅，可用形象化的画龙点睛之笔，将事物形象和特点鲜明地展现出来，增强志书的可读性和感染力。

9. 提升行文规范的统一性

镇村志的行文规范指的是在编纂志稿时应当遵循的一系列标准和准则。早在志书启动编纂时，它就应有所规定，总纂过程中需要进一步强化执行，确保全志表达清晰、整齐划一、易读易懂。

统一时间表述 清代及清以前采用朝代年号纪年，用汉字书写，括注公元纪年；1912年后采用公元纪年，用阿拉伯数字书写。公元前的世纪、年代，须加“公元前”三个字。时间要用具体日期，不用“前年”“去年”“今年”等时间代名词，不用“最近”“目前”“近年来”等笼统的时间表述。

统一名称称谓 志书记述使用第三人称，不用“我县”“我镇”“我村”等第一人称，可酌情简写为“全镇”“全村”。记述地名、机构、会议名称，要用法定地名和准确名称，有些机构、会议等名称过长，首次使用应写全称并括注简称，后面出现可用简称。简称以通用和规范为原则，不能产生歧义。

统一标点符号 按照2011年12月30日国家质量监督检验检疫总局、国家标准化管理委员会发布的《标点符号用法》（GB/T 15834—2011）使用标点符号。要特别注意顿号、分号、引号的正确使用。

统一数字使用 按照2011年7月29日国家质量监督检验检疫总局、国家标准化管理委员会发布的《出版物上数字用法》（GB/T 15835—2011）使用数字。注意分清哪些情况下必须使用汉字数字，哪些情况下必须使用阿拉伯数字。

统一计量单位 使用计量单位，除产品介绍中的规格和主要技术参数用字母符号外，其他一般用中文符号表示，不用外文符号。一般不使用尺、寸等市制单位，考虑到镇村志的特殊性，可以保留亩、公斤等计量单位，但要注意换算的准确性。表述同一事物或同一类事物的量词，全书要做到前后统一。

10. 提升图照表格使用的恰当性

图照和表格是志书“七体并用”体裁中的两种重要体裁。总纂过程中，要将图、表与文字同等对待、统筹审视。

（1）对于图照，应从题材、内容、清晰度等方面，看其能否达到要求

一是题材典型、特色鲜明。照片要反映一个镇村或一个行业、一个领域具有典型性的事物，主题要明确，重点要突出。卷首照片多用全景图展示镇村全貌或地标性事物，随文照片应能展示具体事物之特点。

二是内容全面、图文相称。照片要涉及全志内容的各个方面，照片选配要符合文字记述内容的需要，照片数量要与志稿文字量保持适当比例，照片分布大体均衡。

三是图像清晰、注释精准。照片要具体写实兼顾艺术性，构图精美，选用高清的原图，避免以缩略图替代原图。照片的文字说明要紧扣图像反映的内容，与图像反映的主题相吻合，力求简洁明确。图中所记与文字所记要保持一致，防止图文矛盾。

（2）对于表格，应从设计、要素、排列等方面进行审视，看其能否达到要求

一是设计规范。总纂要对整部志稿的表格编排进行规范，使其恰当、准确地体现所要表述的内容。文字记述中宜用表时则用表，一表一主题，表随文走。以容量大、篇幅小的表格为主，表格长、宽比例适中。表格若需转页，需加排表头，并在右侧上方标注“续表”二字，不需再写标题。各种表格统一使用开敞（开放式）三线表。

二是要素齐全。表格的表题、表头、表身、表注等要素应齐全，不可或缺。

三是排列整齐。表格内数字一律用阿拉伯数字填写，以小数点为准上下对齐，小数点后可统一保留两位小数。表内数字计算要准确，总数与分项之和应一致，表格数字与文中数字应一致。

四是统计口径一致。表格中的统计项目、数字要有可比性，如统计口径发生变化，需在表注中作出说明。

第六节　总纂的素养

方志学家章学诚在《修志十议呈天门王明府》中提出修志的人应有三长："识足以断凡例，明足以决去取，公足以绝请托。"明确对编纂人员素质提出要求。

总纂的工作任务艰巨、繁重，责任重大，不具备良好的素养是难以胜任的。实践证明，欲求佳志，必择良才。一个合格的总纂，应具备如下几个条件：

1. 强烈的爱国爱乡情怀

镇村志总纂一般都由当地乡贤担任，但不是所有的乡贤都能担当总纂。总纂必须具有鲜明的政治意识和强烈的爱国爱乡情怀。

政治意识决定着总纂站在什么立场、为什么目标、为什么对象服务，这是总纂的核心素养。修志是官修、官职、官责，在政治上必须同党中央保持高度一致。总纂要能够运用辩证唯物主义和历史唯物主义的立场、观点、方法去观察、认识问题，准确地理解、把握党和国家的路线、方针、政策，坚持实事求是的思想路线和科学态度，坚持秉笔直书，不作曲笔。镇村志总纂要公道正派，不持门户之见，不为尊者、亲者避讳，不因私情放弃原则，不以感情代替政策。这是保证志书具有较高质量和存史价值的前提条件。

热爱家乡、甘于奉献，愿意为留存家乡历史文化、让子孙后代记住乡愁做些实事，才能全身心地、无怨无悔地投入清苦、辛苦、艰苦的镇村志编纂工作特别是总纂工作中。这是镇村志总纂必须具备的条件。对修志工作不感兴趣的人很难修好志，更做不好总纂工作。

2. 深厚的地情研究能力

修志要有全局意识，修好镇村志同样需要有把控全局的能力。把控全局离不开对地情的充分了解和深刻洞悉。

总纂必须从宏观上研究镇情、村情，从而从宏观上把握志书全局。对镇情、村情的深刻认识、深入研究是保证总纂的科学性、提高镇村志书质量的前提。地情是一个客观存在的统一的有机整体，地情决定方志，方志反映地情。这种反映，绝不是主观的、片面的、肤浅的，而是客观的、全面的、深刻的。

实践证明，只有对地区的形成、区位、发展、特色有深刻认识，才能把握好志书各个组成部分，才有可能全面、系统、准确地反映记述对象的本质，合乎客观规律地表现自然与社会的发展过程。总纂如果不熟悉本地的地情，只能就稿编稿、作一些文字和体例上的修改，就难以编纂出精品良志。

3. 熟练的文字驾驭功夫

总纂的业务素养直接左右志书的质量，镇村志总纂必须对“横排门类，纵述史实，越界不书，述而不论，七体并用，存真求实”等方志体例、编纂原则有深刻领悟和掌握，才能够适应总纂工作的需要。

编纂镇村志涉及自然和社会的许多学科，诸如历史、地理、政治、经济、法律、科技、民俗、宗教等，总纂都要有所了解，才能驾驭、审纂好全书。有些章节专业性较强，总纂要有意识地向书本、行家学习，说内行话，做内行事，尽可能地将内容总纂得通俗易懂，使内行能运用、外行能看懂。

总纂还要熟练掌握语法、逻辑、修辞知识，要有较深的语言文字功底、较强的语言文字驾驭能力、文字综合能力、斧削笔润删繁就简能力，才能把一镇一村的历史发展说清楚、说准确、说透彻，从而增强志书的可读性、扩大志书的适用性。

4. 高度的担当负责精神

总纂不但要承担起出版一部志书的重任，更要承担起对历史负责、对前人负责、对子孙后代负责的使命。

志书以存真求实为本，这是志书的基本特征，唯存真求实，才可存史资治、流传百世。总纂对镇村志质量当存敬畏之心，珍惜执笔之权，下笔务求言之有据，所据务求信而有征。要以高度的责任心和严谨的工作态度，核实每一件史实，选好每一组资料，编好每一件大事，纂好每一个章节，制好每一个图表，推敲好每一个字、词、句，保证志书整体质量。不随心所欲，不故步自封，不封锁垄断，身先士卒，团结带领总纂班子同心协力，尽职尽责，共同打造经得起历史检验的精品良志。

江苏东台 鹿鸣呦呦

第八章

8 装帧出版

出版，是镇村志编纂过程的最后环节，也是质量控制的最后一道关。该环节从装帧排版、内容审校、印前检查等方面入手，保证成书质量。

第一节 装帧版式

1. 开本

镇村志的开本，一般为 16 开本，成品尺寸 185 毫米 ×260 毫米，锁线胶订，平装、精装皆可。

2. 封面

封面包括面封、书脊、底封、腰封等项。镇村志封面应遵循美观大方、突出镇村特色等原则。

面封 镇村志面封需包括书名、作者姓名、编纂方式、出版者信息等要素，也可以包括与其内容、风格一致的图案或纹饰背景。一般来说，面封文字横排，如主书名“江苏名镇”采用较大字号，副书名（如“××镇志”）另起一行，字号小于主书名；作者在两人（或两家单位）以上时，分行处理；出版者名称一般采用出版单位专用标准字体、字号（但不大于作者字号），并配以图案标志。具体顺序如下：书名（副书名）、作者姓名、编纂方式依次排在上半部，出版者信息排在面封下方靠近书根处。

书脊 书脊从上至下，依次包括书名、作者、编纂方式、出版者信息等要素，其中作者在两人以上时，并排处理。如空距受限，书脊上的作者、编纂方式可省略不写。另外，书脊文字的字体、字号根据书脊宽度确定。

底封 镇村志底封的设计与面封应保持一致，如图案、底纹扩展至底封，右下角印中国标准书号、条形码和图书定价。

腰封 腰封是对镇村及镇村志的延伸宣传、介绍，其空间较小，多附以当地特色风光图片、文字介绍、二维码、定价等基本内容，风格与面封、底封等保持一致，且相互补充。腰封并非封面的必备要素，可以根据实际情况决定是否采用。

3. 版心

版心是印刷品版面中的图文印刷区域，即版面上容纳文字图表（不包括书眉或中缝和页码）的部分。版心的高度、宽度、面积、容纳的字数，以及在版面上的位置，对镇村志形式的美观、读者阅读和纸张合理利用都有影响。

文字 第一，正文与辅文搭配，正文就是镇村志的主体内容部分，辅文包括目录、序、跋、凡例、附录，少数镇村志辅文含注释、索引；第二，层级分明，镇村志多含三级以上的标题，如章、节、目、子目等，不同层级标题之间需通过字体、字号、位置的变化进行区分。另外，各章附记或附文标题，均采用其所归属的章、节下一级标题的字体字号，如某“章”的附记，其标题用“节”一级标题的字体字号，其余类推。

图片 第一，鉴别图片质量，镇村志图片以彩色图尤其是彩色摄影作品为主，在版式设计前，需鉴别作为制版母本的图片质量，如内容恰当、清晰度高、层次感强、饱和度好等；第二，镇村志所使用的图片，一律搭配文字图注，包括图片名称、作者信息，甚至拍摄时间等，并在使用前征得作者授权同意；第三，位置设计，镇村志开本较大，图片较多，多根据图片、文字内容实际情况，设计串文图、通栏图、跨栏图、超版心图、超版面图等，以达到版面美观、便于阅读的目的；第四，图文合成，根据镇村志实际内容，可分为文主图辅、图文并重、图主文辅几种模式。

表格 完整的表格由表题、表头、表身、表注四部分组成。镇村志表格设计，除考量表格细节元素外，还需考量表格与整体内容的搭配，可分为竖排表、卧排表、和合表、跨栏表、续表等种类。如表格编排了次序，要注意表格次序的连续性。

二维码 镇村志多以二维码承载音视频，与图文、表格搭配，让读者更直观地了解镇村。第一，二维码位置准确、美观，与周边内容搭配；第二，二维码下注文准确、精练，与二维码内音视频内容一致；第三，二维码内音视频长期有效，且无版权问题。

4. 全书版序

内文编排顺序：扉页→版权页→编纂机构及编辑部人员名单→彩页（照、图、画）→序→凡例→目录→总述→大事记→志书正文→编后记。其中，序言、凡例、目录、正文，各自单独编排页码。

第二节　三审工作

三审制是出版单位必须严格坚持的基本制度，分为初审、复审和终审三个环节。通过三审的稿件，要确保政治、导向正确，篇章结构完整，文字无明显错误等。

1. 初审

初审者一般由责任编辑担任，通读全稿，对镇村志的政治导向、思想倾向和价值，稿件的具体内容、体例与文字进行全面审查和判断。在此基础上，对稿件的优缺点进行分析，作出实事求是的质量评价。

以《江苏名村 · ×× 村志》为例，初审者审稿意见如下：

《江苏名村·××村志》是该村历史上的第二部志书，徐州市××村志编纂委员会、江苏省地方志工作办公室以马克思列宁主义、毛泽东思想、邓小平理论、“三个代表”重要思想、科学发展观、习近平新时代中国特色社会主义思想为指导，坚持辩证唯物主义和历史唯物主义的立场、观点和方法，编纂而成。

全稿共分7章，约13.8万字，图片76幅，视频26段，记述范围上至事物发端，下至2021年，比较全面、客观、深入地阐述了××村的历史、地理、文化、经济、社会等各方面的发展，尤其对改革开放以来该村取得的成就进行了详细叙述；并在以文字为主要记录手段的同时，采用了音视频、图片等多元化手段结合的模式，保存了丰富的史料和权威的地情资料，多层面展现了该村的独特魅力，是一部生动的乡土教材。

本书经初审，各部分结构明晰，文字流畅，配图、视频可以达到丛书要求，无违反现行出版法规之处，建议发排，提请二审审定。

可以看出，该初审意见较为全面地对《江苏名村·××村志》进行了概括。除以上所涉各项外，还有些其他情况初审时需注意：

选题类型 如申报“江苏名镇名村志”的村镇，必须符合“江苏名镇名村”的要求；其他需列入丛书或有其他项目申报的镇村志，选题类型皆需符合相应标准。

稿件结构的完整、准确性 如图片、音频和视频的数量、质量符合丛书体例要求；篇目结构设置合理，无明显矛盾、重复之处；内容能填补市县志未及之处；等等。做到横不缺要项，纵不断主线，详略得当，重点突出，反映事物基本特征，记述有深度。

把关镇村志文字 第一，坚持志体文风，除序和总述可适当采用文学性文字、引文以原始出处为准外，其他部分忌夸张、抒情，避免口语化倾向，宜精准、朴实，落笔有据；第二，注意甄别明显拼凑、表意不清、文风多变、逻辑混乱等问题；第三，关注错别字、标点混乱、段落不清等现象。

确保所涉材料的版权、权威度 图片均需作者授权，图下注明名称、作者等基本信息；所引数据要有官方信息来源；地图要严格遵守《地图审核管理规定》《地图管理条例》等文件的相关规定。

简言之，镇村志初审工作要认真、细致，全面了解该志，做出客观判断，为复审、终审以及后续编校提供参考，并为该志出版后的社会效益最大化奠定良好基础。

2. 复审

复审者需由“具有正、副编审职称的编辑室主任一级的人员担任”，通读镇村志稿件，对初审者的审稿意见进行审核与判断。对初审提出的原则性问题，进行判断分析；与初审看法不同的地方，当申明意见；对初审遗留问题，应予以弥补，帮助解决；如初审不符合质量标准，可返工重审。总之，对初审提出的稿件处理意见，复审者应表明自己的态度。如《××镇志》复审意见：

> 基本同意初审意见，该书整体上体例严谨、特色鲜明、资料翔实、文风清新、图文并茂，且锐意创新、开合有度，较为全面地展现了××镇在多年发展中形成的多方魅力和取得的诸多成就。
>
> 但仍有以下几点存在问题，责任编辑提请作者修改，修改完成后三审：
>
> 1.“风味美食”章，涉及的传统名吃需突出引导性，强调随着《中华人民共和国野生动物保护法》的落实、干部群众生态保护意识的提高，部分名吃已经消失在历史场合中。

2."名村名人"章，有三段人物小传不符合《地方志书质量规定》中"生不立传"规定。

3."经济建设""乡风习俗"两章，有三段文字有广告嫌疑、封建迷信倾向等。

4."艺文"章中，涉及大量古典文献，部分过于冷门，编辑需注意核对，必要时可请古文献专家把关审核。

5.稿件文字、图片多有涉及各级领导讲话、著作、活动等，要注明权威来源，做到一字不误。

6.该村的河鲜养殖事业蜚声全国，对当地农业、旅游业、餐饮业乃至民俗产业发展均有带动作用，目前仅列于三级标题，寥寥100余字，应建议作者扩充篇幅，以二级标题甚至一级标题形式予以突出，凸显其"名"与"特"，打造闪亮名片。

从这份复审意见可知，复审者对初审结果进行了评价，同时站位更高，从篇章结构、政策标准、法律法规、修志规范角度入手，对初审意见进行补充，给出了修改建议与方向，提高了审稿工作有效性。

3. 终审

终审，由"具有正、副编审职称的社长、总编辑（副社长、副总编辑）或由社长、总编辑指定的具有正、副编审职称的人员担任（非社长、总编辑终审的书稿意见，要经过社长、总编辑审核）"。主要针对镇村志的政治导向与思想倾向，终审从更高的角度审视稿件是否符合相关法律法规、方针政策，是否具备相应价值，是否可产生相应社会效益；同时，要从本单位实际情况出发，考虑成本、效益、产品链等多重问题。

如《江苏名镇·××镇志》的终审意见为：

同意二审意见，可以发排。请责编继续加强对书稿的审校，注意沟通作者方，再认真核对人名、地名、时间、史实、数据等的准确性、规范性、权威性，内容和图片不得涉及重大、敏感、涉密、侵权等问题，并严格按规范流程运作，切实把好图书的综合质量关。另外，需从内容、结构、版式、装帧等各方面注意该书与“江苏名镇名村志”丛书其他书目的协调性。

可以看出，终审较初审、复审简洁，但提纲挈领，把握重点，对该志的出版工作做出方向性决定。

4. 审稿结论及处理

当三审者对镇村志稿件从形式、内容等多重角度衡量后，应形成审稿结论，需要协调作者解决的问题，应及时通知作者。一般来说，审稿分为接受出版、退修和退稿三种结论。

审稿通过后的镇村志稿件，要确保结构严谨，特点突出，内容层面基本做到“齐、清、定”。当稿件经过审稿，以及承编单位修订，达到审稿标准后，即可发排，进入编校流程。

第三节　编校工作

1. 把关文字质量

根据《图书质量管理规定》第五条，“差错率不超过万分之一的图书，其编校质量属合格”。所谓差错率，是指编校差错数占全书总字数的比率。

镇村志稿件多经过作者的精心编纂、各级史志部门的严格审稿，但从出版规范来看，依然存在诸多文字问题。根据《图书编校质量差错案

浙江嘉兴 西塘樱花

江苏苏州 周庄夜景

例》，常见差错可分为以下几类：

（1）文字差错：错别字、不规范字、多字、漏字、倒字，常见人名、地名、职务名错误等。

（2）词语差错：无解词义、生造词语和乱改成语、字母词使用不当和滥用网络词语。

（3）科技名词差错：基本性差错、专业性差错。

（4）语法差错：搭配不当、成分残缺、成分多余、序词差错、语序不当、语句歧义、句式杂糅。

（5）标点符号差错：点号差错、标号差错、中文出版物夹用英文的标点差错。

（6）汉语拼音差错：音节拼写差错、词语分词连写差错、大小写字母使用差错、移行差错。

（7）量和单位、数字用法差错。

以上各类差错，在镇村志中是常见的，需通过人工、智能等多种编校手段予以清除。而且，各类文字差错不是孤立的，很可能与其他类型差错同时出现。编辑需进行综合判断。

【例】××村借鉴了江苏鱼台小龙虾节的模式。

【析】“鱼台”，当为“盱眙”。鱼台位于山东省济宁市，盱眙位于江苏省淮安市，后者以小龙虾著称。词句同时出现了形近字、音近字、地名和知识性错误。

对待这类问题，编辑需严格依据各类图书编校质量检查的法律、行政法规、规范性文件、规程规范、工具书等，进行判断并予以解决。

2. 遵守法律法规、政策规定

作为出版单位，要严格遵守国家法律法规和政策规定。落实到稿件编校中，大体分为以下几类：

法律法规对图书内容导向的规定；涉及法律法规或文件摘录、引用；涉及国家统一、主权和领土完整；涉及党政机构名称、党和国家领导人职务及姓名；涉及民族问题和宗教问题；涉及国家秘密；涉及未成年人教育；涉及台湾地区机构称谓；涉及国际关系。

具体到镇村志中，同样如此。但既要严格，又要灵活，根据稿件实际情况，进行综合判断。

【例】20 世纪 90 年代，×× 镇数次组织干部群众学习《中华人民共和国治安管理处罚法》，并召开专题培训会。

【析】该段内容的发生时间为 20 世纪 90 年代，当时尚无“《中华人民共和国治安管理处罚法》”，当为“《中华人民共和国治安管理处罚条例》”。

【例】《×× 镇志》：“乡土名吃”一节中，出现一些野生动物，并附有“肉质鲜美”“该饭店以此为招牌菜”等描述。

【析】删除与《中华人民共和国野生动物保护法》相悖的描述。

在镇村志稿件编校中，不仅要关注法律法规、政策规定的具体条款，还要关注稿件与法律法规、政策规定的时间、导向、内容的契合程度。

3. 重视凡例的指导性

一篇完整的镇村志凡例，对全稿的内容起到指导统筹作用，详细交代了该志的指导思想、记述时间与地域范围、地名使用与人物收录标准、统计数据与图片来源、计量单位用法、时间表示方式，以及一些词汇的特定用法等。另外，稿件中会有部分内容与凡例内容相矛盾，要与总纂及时沟通，取得共识后修订。

【例】凡例：“解放前（后）”，以本地解放日为界。

正文：“解放”多次使用，既指本地解放日，又指 1949 年推翻国民党统治。

【析】我国不同地区的实际解放日期存在差异，镇村志的“解放”多指当地解放日，因此，推翻国民党统治当用“中华人民共和国成立”，不宜用“解放”，避免混淆。

要注意凡例是否符合各项法律、法规、政策等，如不符合，即需修改凡例。

【例】本书为有重大影响、杰出贡献的在世人物，撰写小传。

【析】中国地方志指导小组 2008 年印发的《地方志书质量规定》第二十条规定人物“生不立传”。因此，凡例需删除该条，正文中采用“以事系人、人随事出”的方式予以变通。

要注意凡例与正文相关内容的对应，如二者不符，但正文相关内容优于凡例或篇幅较大，也应调整凡例。

【例】凡例：本书记述下限至 2019 年。

正文：下限多为 2022 年。

【析】两相比较，2022 年更接近志书编纂工作启动时间，将记述下限定为 2022 年更为合理，因此应调整凡例。

简言之，编辑要善于利用凡例，指导全书的编校；也要及时发现凡例中的漏洞，避免将简单的问题复杂化。

4. 统一前后细节

镇村志稿件中，有些细节信息（如数据、人名、地名、时间、事件、标点等）不止一次出现。但是，由于来源不同、成于众手、理解误区等主客观因素，很容易出现矛盾，编辑要注意前后统一，如难以保持一致，则应删减或说明，避免矛盾。

事件统一　一些事件会以不同面貌在镇村志的正文、辅文中出现，但由于来源不同、作者不同或记述侧重点不同，会出现一些矛盾。

【例】“民间传说”节：××与朱元璋自幼结交。

“姓氏”节：元朝末年，× × 认识了青年朱元璋。

【析】“自幼”“青年”明显矛盾。经与作者交流，钩沉文献，统一为“自幼”。

时间统一 镇村志历史上的一些事件、人物多附有相应时间节点，如发生时间、生卒年等，会出现前后矛盾。

【例】序：× × 村得名于明正统年间。

大事记：嘉靖三年，× × 村始名。

【析】“正统年间”“嘉靖三年”，明显矛盾。后核对当地古志，确定为“嘉靖三年”。

【例】“艺文”章：康熙二十一年，× × 撰成此书。

“名人”章：× ×（1600—1680）。

【析】两处明显矛盾，1680 年为康熙十九年，× × 去世，如何在康熙二十一年撰书？后检索文献，仍不能确定，请作者在“艺文”章加括注说明。

方言统一 镇村志中会使用一些当地方言，甚至会专设“方言土语”“民俗歌谣”一类章节，但由于方言多为口语，转化为书面文字时，经常有前后矛盾的现象。

【例】某村志“豁闪”“霍闪”“活闪”并用，均指闪电。

【析】三种写法均见于各类方言词典，都成立。但在同一部稿件中，宜统一。征得作者同意后，正文中均用“霍闪”，“方言—普通话对照表”中增补“霍闪，也作‘豁闪’‘活闪’”一句，保持方言的多元、鲜活。

数据统一 镇村志会涉及人口、面积、金额、重量等各类数据，不但要保证前后统一，而且要经得起验算，确保各分项之和与总数对应、各分项比例之和与总比例对应等。

【例】人均粮食消费量占总食物量 42%，瓜果蔬菜占比 40%，肉类占

9%，奶和奶制品占 2%，动植物油占 2%，酒水饮料占 3%，共计 100%。

【析】42%+40%+9%+2%+2%+3%=98%，不足 100%。经与作者确认后，得知瓜果蔬菜占比 42%。

标点用法统一　标点的用法具有灵活性，但在一部稿件中，同类型文字、句式的标点处理应是相同的，如前后不一致，宜修改。

【例】“十星级文明户”、“十星级”文明户、“十星”级文明户、十星级文明户、十星文明户、“十星”文明户等混用。

【析】各种用法散见于当地各类文件、报道，均有合理性，但不利于读者阅读。后经与作者协调，除引文文字，其他均改为“十星”级文明户。

除以上各例外，编校中还需注意人物名字、地名、表格等统一；如不统一，需有所依据并说明，如某地地名近 20 年来三次变化，在稿件中出现不统一现象，只要符合其变化节点，就是准确的，不必统一。

5. 确认图片与二维码

新志与旧志的一大区别，就是有大量图片尤其是照片、二维码入志。镇村志图片往往百余幅，二维码数十个，占据相当大的比重，编辑要有核对的意识、能力。

（1）图片

①图片与图注搭配。图注是新志对图片的注释性说明，包括图片名称、补充性说明等。

【例】图片中为大片竹林，图注为“松风阵阵”。

【析】据前后文，并未说明当地盛产何种树木；后咨询作者，当地松林颇为有名，因此将图片替换为当地松林图片。

②图片与前后文搭配。镇村志的图片，多是对前后文的展现，要有准确性。

【例】前后页均记录张氏一族来源、现状及族谱内容，但图片内容为“李氏家谱”。

【析】张氏族谱和李氏族谱混淆，应替换为张氏族谱图。

③图片的美观性、协调性、清晰度。比如行文中或背白页，可以根据实际情况，插入适合满版的图片；而拍摄一些景物时，尽量做到精准、美观，不要出现过多杂物、人物或特点缺失等问题；还要格外注意图片清晰度问题；少使用会议图片，避免主体不突出，避免过度修图，单凭纸稿，编辑未必能很准确地发现图片清晰度的问题，因此，要借助电子文件以及排版员的配合，将有问题图片一一标注，进行统一处理。

（2）二维码

①二维码与前后文的对应。二维码是服务于正文相关位置的，因此，其码下文字以及所载音视频一定要与周边文字搭配。

【例】第 123 页，二维码内容为“× × 精神代代传”，但正文相关内容在第 145 页。

【析】二维码与相关内容不搭配，需调整。

②二维码内音视频与码下文字对应。码下文字与码内视频的标题要吻合，不能有细节出入。

【例】二维码下文字为“正是河豚欲上时”，但码内视频标题为“特色江鲜”。

【析】鉴于视频内容不好修改，因此修改码下文字为“特色江鲜”。

另外，二维码核对还有一些其他工作，如二维码链接要有时效性，内容不能有政治问题，等等。

6. 做好辅文核对

辅文，包括封面文字、书名页文字、内容提要、作者简介、序言、前言、凡例、目录、书眉、注释、参考文献、附录、索引、跋、后记等。

具体到镇村志中，辅文核对重点包括：排查内容差错、信息或应著录的项目缺失问题、内容表达各处不一致或与正文不符。举例如下：

（1）内容差错

【例】《××村志》封面图为一片桃林。

【析】该志明确提到，该地并无水果产业，用桃林作封面，可能不合理。后经了解，封面图误用。

（2）信息或应著录的项目缺失问题

【例】如封面、版权页文字缺失，序、扉页、大事记等缺失。

（3）内容表达各处不一致或与正文不符

【例】后记提到该书有80幅图片、29个二维码。成书实际是78幅图片、29个二维码。

【析】稿件送交出版社时，的确有80幅图片，但后删去质量较差的2幅。

7. 杜绝知识性差错

知识性差错分为两类：

事实性差错　主要有时间、地点、人物、文献、史实等方面的差错。

【例】“名人”章：××，1991年从凤凰出版社调至××大学。

【析】“凤凰出版社”，当为“江苏古籍出版社”。2002年底，江苏古籍出版社更名为凤凰出版社。

科学性差错　主要是由于作者对社会科学、自然科学和技术科学中的概念、原理、技术、方法、数据的理解出现问题，造成差错。

【例】“名人”章：××参与“曙光1号”的研制。

【析】“曙光1号”，当为“曙光一号”，参见《中国大百科全书》第三版网络版。

8. 统稿工作

在编校过程中，编辑、排版人员、镇村志作者等不同方面要保持联络，编辑更要做好协调统筹工作，确保稿件内容无误，避免出现遗失作者后续提优内容、旧稿误作新稿、编辑与作者校改内容矛盾等问题。

第四节　印前工作

当一部镇村志稿件完成三审三校后，经镇村志作者方或者统筹部门签字同意付印后，即进入印前流程，为确保图书编校质量、避免不必要的损失，责任编辑在定稿之前需仔细审核以下内容：

1. 审核项目

（1）封面、排印文字的衬页等；

（2）书名页，附书名页、扉页、版权页等；

（3）题献页，出版说明、使用说明或凡例，内容简介，前言、序，正文前插图及其文字，目录等前辅文，另页或另面起排的篇章页，书眉文字，后记或跋、插页等后辅文；

（4）正文（根据实际情况抽检）。

2. 注意事项

（1）各部件无遗漏、排序无误。

（2）封面、扉页、版权页等处的丛书名、主书名、副书名、作者名及著作方式、装帧设计、出版社名称、书号、条码、定价等各项相关信息准确、无误；书名拼音的拼写规范、无误。

（3）CIP 内容与图书相关信息一致。

（4）前、后辅文与正文相关内容表述保持一致，文字无差错，辅文页码标示方式合理。

（5）目录标题、副标题、作者信息与正文保持一致，页码对应，格式统一，导向连珠号使用规范、得当。

（6）另页或另面起排的篇章页、书眉眉题文字与目录及正文标题文字保持一致，其单双页码层级、内容正确。

另外，在镇村志的印前审核中，还需注意政治性表述、数据、时间、地名、荣誉称号、法律条文等的权威性、准确性。

陕西汉中　田园风光

9 附 录

一、法规文件

（一）地方志工作条例

第一条 为了继承和发扬中华民族优秀文化传统，全面、客观、系统地编纂地方志，科学、合理地开发利用地方志，发挥地方志在促进经济社会发展中的作用，制定本条例。

第二条 中华人民共和国境内地方志的组织编纂、管理、开发利用工作，适用本条例。

第三条 本条例所称地方志，包括地方志书、地方综合年鉴。

地方志书，是指全面系统地记述本行政区域自然、政治、经济、文化和社会的历史与现状的资料性文献。

地方综合年鉴，是指系统记述本行政区域自然、政治、经济、文化、社会等方面情况的年度资料性文献。

地方志分为：省（自治区、直辖市）编纂的地方志，设区的市（自治州）编纂的地方志，县（自治县、不设区的市、市辖区）编纂的地方志。

第四条 县级以上地方人民政府应当加强对本行政区域地方志工作的领导。地方志工作所需经费列入本级财政预算。

第五条 国家地方志工作指导机构统筹规划、组织协调、督促指导全国地方志工作。

县级以上地方人民政府负责地方志工作的机构主管本行政区域的地方志工作，履行下列职责：

（一）组织、指导、督促和检查地方志工作；

（二）拟定地方志工作规划和编纂方案；

（三）组织编纂地方志书、地方综合年鉴；

（四）搜集、保存地方志文献和资料，组织整理旧志，推动方志理论研究；

（五）组织开发利用地方志资源。

第六条 编纂地方志应当做到存真求实，确保质量，全面、客观地记述本行政区域自然、政治、经济、文化和社会的历史与现状。

第七条 省、自治区、直辖市人民政府制定本行政区域地方志编纂的总体工作规划（以下简称规划），并报国家地方志工作指导机构备案。

第八条 以县级以上行政区域名称冠名的地方志书、地方综合年鉴，分别由本级人民政府负责地方志工作的机构按照规划组织编纂，其他组织和个人不得编纂。

第九条 编纂地方志应当吸收有关方面的专家、学者参加。地方志编纂人员实行专兼职相结合，专职编纂人员应当具备相应的专业知识。

第十条 地方志书每20年左右编修一次。每一轮地方志书编修工作完成后，负责地方志工作的机构在编纂地方综合年鉴、搜集资料以及向社会提供咨询服务的同时，启动新一轮地方志书的续修工作。

第十一条 县级以上地方人民政府负责地方志工作的机构可以向机关、社会团体、企业事业单位、其他组织以及个人征集有关地方志资料，有关单位和个人应当提供支持。负责地方志工作的机构可以对有关资料进行查阅、摘抄、复制，但涉及国家秘密、商业秘密和个人隐私以及不符合档案开放条件的除外。

地方志资料所有人或者持有人提供有关资料，可以获得适当报酬。地方志资料所有人或者持有人不得故意提供虚假资料。

第十二条 以县级以上行政区域名称冠名、列入规划的地方志书经审查验收，方可以公开出版。

对地方志书进行审查验收，应当组织有关保密、档案、历史、法律、经济、军事等方面的专家参加，重点审查地方志书的内容是否符合宪法和保密、档案等法律、法规的规定，是否全面、客观地反映本行政区域自然、政治、经济、文化和社会的历史与现状。

对地方志书进行审查验收的主体、程序等由省、自治区、直辖市人民政府规定。

第十三条 以县级以上行政区域名称冠名的地方综合年鉴，经本级人民政府或者其确定的部门批准，方可以公开出版。

第十四条 地方志应当在出版后3个月内报送上级人民政府负责地方志工作的机构备案。

在地方志编纂过程中收集到的文字资料、图表、照片、音像资料、实物等以及形成的地方志文稿，由本级人民政府负责地方志工作的机构指定专职人员集中统一管理，妥善保存，不得损毁；修志工作完成后，应当依法移交本级国家档案馆或者方志馆保存、管理，个人不得据为己有或者出租、出让、转借。

第十五条 以县级以上行政区域名称冠名的地方志书、地方综合年鉴为职务作品，依照《中华人民共和国著作权法》第十六条第二款的规定，其著作权由组织编纂的负责地方志工作的机构享有，参与编纂的人员享有署名权。

第十六条 地方志工作应当为地方经济社会的全面发展服务。县级以上地方人民政府负责地方志工作的机构应当积极开拓社会用志途径，可以通过建设资料库、网站等方式，加强地方志工作的信息化建设。公民、法人和其他组织可以利用上述资料库、网站查阅、摘抄地方志。

第十七条 县级以上地方人民政府对在地方志工作中作出突出成绩和贡献的单位、个人，给予表彰和奖励。

第十八条 违反本条例规定，擅自编纂出版以县级以上行政区域名称冠名的地方志书、地方综合年鉴的，由县级以上地方人民政府负责地方志工作的机构提请本级人民政府出版行政部门依法查处。

第十九条 违反本条例规定，未经审查验收、批准将地方志文稿交付出版，或者地方志存在违反宪法、法律、法规规定内容的，由上级人民政府或者本级人民政府责令采取相应措施予以纠正，并视情节追究有关单位和个人的责任；构成犯罪的，依法追究刑事责任。

第二十条 负责地方志工作的机构的工作人员违反本条例第十四条第二款规定的，由其所在单位责令改正，依法给予处分。

第二十一条 编纂地方志涉及军事内容的，还应当遵守中央军委关于军事志编纂的有关规定。

国务院部门志书的编纂，参照本条例的相关规定执行。

第二十二条 本条例自公布之日起施行。

（二）江苏省地方志工作条例

（2018 年 9 月 21 日江苏省第十三届人民代表大会常务委员会第五次会议通过）

第一条　为了规范地方志工作，促进地方志的开发利用，发挥地方志记录历史、传承文明、资政育人、服务发展的作用，根据国务院《地方志工作条例》和有关法律、行政法规，结合本省实际，制定本条例。

第二条　本省行政区域内地方志的编纂、开发利用和管理工作，适用本条例。

第三条　本条例所称地方志，包括以县级以上行政区域名称冠名的地方志书、地方综合年鉴。

地方志书是指全面系统记述本行政区域自然、政治、经济、文化和社会的历史与现状的资料性文献。

地方综合年鉴是指系统记述本行政区域自然、政治、经济、文化、社会等方面情况的年度资料性文献。

第四条　县级以上地方人民政府应当加强对地方志工作的领导，将地方志工作纳入国民经济和社会发展规划，协调解决地方志工作中的重大问题，督查推动地方志工作；建立健全地方志工作机制，配备工作人员，保障工作条件，将地方志工作所需经费列入本级财政预算。

省人民政府应当制定地方志事业发展规划，推动全省地方志事业平稳、健康、有序发展。

第五条　县级以上地方人民政府负责地方志工作的机构（以下简称地方志工作机构）主管本行政区域的地方志工作，履行以下职责：

（一）组织、指导、检查和督促地方志工作；

（二）组织编纂地方志；

（三）征集、整理、保存地方志文献和资料，整理、出版旧志；

（四）组织开展地情调查研究和资源开发利用，开展地方志信息化建设，为社会提供服务；

（五）组织开展地方志业务培训、理论研究、宣传教育和对外交流；

（六）法律、法规规定的其他职责。

第六条 省、设区的市、县（市、区）应当编纂地方志。

地方志由地方志工作机构组织编纂，其他组织和个人不得编纂。

第七条 地方志书每 20 年左右编修一次。地方综合年鉴一年一鉴、逐年编纂。

行政区划有重大调整的，应当及时组织编纂已撤销的设区的市、县（市、区）地方志书，适时组织编纂新设的设区的市、县（市、区）地方志书。

第八条 省人民政府应当制定全省地方志书编纂工作规划。

地方志工作机构应当拟定地方志编纂方案，报本级人民政府批准后实施。

第九条 编纂地方志应当坚持正确方向，遵循存真求实、确保质量的原则，做到全面客观、真实可靠、科学严谨、合法合规，不得篡改历史事实，不得杜撰历史事件。

地方志编纂人员应当恪尽职守、据事直书、忠于史实、保守秘密。

任何单位和个人不得要求地方志工作机构和编纂人员在地方志中作虚假记述。

第十条 编纂方案确定的承担地方志工作任务的机关、社会团体、企业事业单位和其他组织（以下统称承编单位），应当明确工作机构和人员，保障工作条件，按照编纂方案的要求完成编纂、供稿等工作，并对所提供资料的真实性和准确性负责。

地方志工作机构应当对承编单位的编纂工作进行指导、督促和检查。

第十一条 县级以上地方人民政府及其地方志工作机构应当建立地方志人才引进、兼职人员聘用、志愿服务、培训、激励等制度，建设专兼职相结合的地方志人才队伍。

地方志工作机构应当建立地方志专家库、人才库，吸收有关方面的专家、学者以及熟悉地情的社会公众参与地方志编纂工作。

地方志工作机构可以采取购买服务、项目合作等方式，委托高等院校、科研机构等专业机构承担地方志编纂有关工作。

第十二条 地方志工作机构和承编单位应当建立资料积累制度，收集文字、图表、照片、音像、实物等地方志资料。

地方志工作机构应当定期组织编写资料长编，有条件的地方可以组织对相关音像资料进行整理汇编。

第十三条 地方志工作机构和承编单位可以向机关、社会团体、企业事业单位、其他组织以及个人征集有关地方志资料，有关单位和个人应当提供支持。

地方志工作机构和承编单位可以对有关资料进行查阅、摘抄、复制，但涉及国家秘密、商业秘密和个人隐私以及不符合档案开放条件的除外。

第十四条 地方志工作机构应当指定专职人员负责保管在地方志编纂过程中收集到的各类资料以及形成的地方志文稿，不得损毁；编纂工作完成后，应当将资料和文稿依法移交同级档案馆或者方志馆保存、管理，个人不得据为己有或者出租、出让、转借。

第十五条 地方志工作机构组织编纂地方志，应当公开听取社会公众的意见、建议。

第十六条 地方志书经审查验收，报本级人民政府批准后公开出版。具体审查验收办法由省地方志工作机构制定，报省人民政府批准。

地方综合年鉴经本级人民政府批准后公开出版。

第十七条 地方志的著作权由地方志工作机构享有，参与编纂的人员享有署名权。地方志工作机构、承编单位应当依照国家和省有关规定，向参与编纂、评审的人员支付报酬。

第十八条 县级以上地方人民政府应当建立方志馆，或者在公共图书馆、文化馆、档案馆等公共场馆内开辟专门区域，用于本行政区域的地情展示和地方志的收藏研究、开发利用。鼓励建设数字方志馆。

第十九条 鼓励单位和个人向方志馆或者地方志工作机构捐赠地方志文献资料和纪念性实物。接受捐赠的，应当向捐赠者颁发收藏证书，并可以给予奖励。

第二十条 县级以上地方人民政府应当将地方志信息化建设纳入当地信息化建设规划，加强地方志信息化建设。

省地方志工作机构应当建立地方志全文数据库和地方志资源共享平台。

第二十一条 方志馆、地方志资源共享平台应当完善服务功能，公示服务范围和方式，免费向社会公众开放，并提供查阅、摘抄、下载、复制、检索等服务。

第二十二条 县级以上地方人民政府应当将地方志的开发利用纳入现代公共文化服务体系，推动地方志文化的创造性转化和创新性发展，为培育和践行社会主义核心价值观提供丰富、优秀的精神文化产品。

地方志工作机构应当通过整理出版旧志、编写地方志简本和地情资料、制作音像制品、举办展览等形式，运用现代信息技术和传播技术，进行地情宣传和地方志文化传播，引导全社会读志、用志、传志。

鼓励和支持单位、个人利用地方志资源开展影视作品及其他文学艺术创作和文化交流，传播地方历史文化。

第二十三条 地方志工作机构应当加强地方志基础理论和编纂实践研究。鼓励高等院校、科研机构等单位与地方志工作机构合作，开展地方志理论和地情研究。支持高等院校开设地方志课程。

地方志工作机构可以采取多种形式，加强与香港、澳门、台湾地区以及国外的高等院校、科研机构、档案馆、博物馆、图书馆等单位的学术交流与合作，扩大地方志文化影响力。

第二十四条 县级以上地方人民政府对在地方志工作中作出突出成绩和贡献的单位、个人，按照国家和省有关规定给予表彰和奖励；对地方志优秀成果给予通报表扬。

第二十五条 违反本条例第六条第二款规定，擅自编纂地方志的，由地方志工作机构责令限期改正；已经出版的，由地方志工作机构提请同级新闻出版主管部门依法查处。

第二十六条 违反本条例第九条规定，有下列情形之一的，由县级以上地方人民政府责令采取相应措施予以纠正，并视情节轻重追究有关单位和个人的责任：

（一）地方志存在违反宪法、法律、法规规定内容的；

（二）篡改历史事实、杜撰历史事件的；

（三）要求地方志工作机构和编纂人员在地方志中作虚假记述的。

第二十七条 违反本条例第十条第一款规定，未按照编纂方案的要求完成编纂、供稿等工作的，由地方志工作机构责令限期改正；逾期不改正的，对直接负责的主管人员和其他直接责任人员依法给予处分。

第二十八条 违反本条例第十四条规定，地方志工作机构的工作人员将在地方志编纂过程中收集到的各类资料以及形成的地方志文稿损毁、据为己有或者出租、出让、转借的，由其所在单位责令改正，依法给予处分。

第二十九条 违反本条例第十六条规定，未经审查验收或者批准将地方志文稿交付出版的，由县级以上地方人民政府责令采取相应措施予以纠正，并视情节追究有关单位和个人的责任；构成犯罪的，依法追究刑事责任。

第三十条 对本行政区域特别重大自然灾害，具有独立存史价值的重大事件、活动，以及独特的地域文化、地情特色，县级以上地方人民政府可以决定编纂地方专题志书。

地方专题志书的编纂、开发利用和管理工作，按照本条例有关地方志书的规定执行。

第三十一条 鼓励组织编纂部门志、行业志、乡镇（街道）志以及村（社区）志等其他志书，鼓励部门、乡镇（街道）编纂年鉴。

列入中国传统村落名录的村，省人民政府批准公布的历史文化名镇、名村，应当编纂志书，由乡镇人民政府、街道办事处组织编纂。地方志工作机构应当加强指导。

本条规定的志书和年鉴的编纂、开发利用和管理工作，参照本条例执行。

第三十二条 本条例自 2018 年 12 月 1 日起施行。

（三）江苏省人民政府办公厅关于实施镇村志编纂文化工程的通知

各市、县（市、区）人民政府，省各有关部门和单位：

地方志是全面系统记述区域自然、政治、经济、文化、社会、生态的历史与现状的资料性文献，是传承和彰显中华文明的重要载体。为深入贯彻习近平总书记关于地方志工作的重要论述精神，发挥乡镇（街道）志及村（社区）志（以下合称镇村志）在留存地方历史记忆、丰富人民精神生活、提升中华文化影响力等方面的重要作用，更好地服务乡村振兴和新型城镇化建设，现就我省实施镇村志编纂文化工程有关事项通知如下：

一、目标要求

以习近平新时代中国特色社会主义思想为指导，全面贯彻党的十九大和十九届历次全会精神，落实省第十四次党代会部署，坚持社会主义核心价值观，充分利用地方志体裁的独特优势，客观记述镇村的历史与现状、城镇化进程和改革开放成果，总结江苏成功经验，讲好江苏故事，更好地服务新征程、谱写新篇章。到 2025 年，全省乡镇（街道）志编纂覆盖面达到 70% 以上，到 2030 年，基本实现全覆盖。到 2025 年，列入中国传统村落名录的村和省政府批准公布的历史文化名镇、名村的镇村志实现应编尽编。鼓励有条件的村（社区）因地制宜、循序渐进开展志书编纂工作。鼓励基础较好的镇村申报中国名镇志、名村志和江苏名镇名村志等系列名志文化工程。

二、主要任务

（一）明确责任主体，坚持依法修志 按照《地方志工作条例》《江苏省地方志工作条例》要求，积极推进镇村志编纂工作。各地要尽快对本行政区域镇村志编修情况进行摸底排查，结合实际制定本地区镇村志编纂文化工程规划和工作方案。要明确编纂工作的总体思路和实施步骤，落实责任主体。乡镇（街道）志由乡镇人民政府（街道办事处）负责组织编纂并列入年度目标任务；村（社区）志应由村民委员会（社区居民委员会）组织编纂，乡镇人民政府（街道办事处）负责做好动员和指导。

（二）加强质量建设，传承历史文脉 镇村志横陈百科、历时久远，要广泛收集资料，细心考证史料，精心撰写志稿，做到思想性、资料性、著述性有机统一，全面系统记述镇村的发展历程。各级地方志工作机构要建立健全镇村志书质量保障体系，严格审查验收，确保志书编纂出版观点正确、体例严谨、内容全面、特色鲜明、记述准确、资料翔实、表达通顺、文风端正、印制规范。

（三）创新编纂方式，展示城乡风采 镇村志编纂要完整、准确、全面贯彻新发展理念，更好提炼展示中华优秀传统文化的精神标识，让方志文化在新时代焕发新的生机活力。因地制宜设计志书篇目，彰显地方个性，反映乡土民情。加大社会调查资料、口述史资料、家谱资料运用，丰富志书内容。创新记述体裁和记述方式，鼓励编纂融合文字、图片和音视频于一体的全媒体志书，延伸拓展志书信息量，增强志书可读性。提升装帧设计品味，打造人民群众喜读乐看的史志作品，扩大江苏地方历史文化影响力。

（四）重视开发利用，助力国家战略 积极对接乡村振兴、新型城镇化等重大战略，有效推动镇村志编纂文化工程融入群众生产生活日常，嵌入服务基层治理链条，深入促进经济社会发展。将镇村志引入校本教材，用优秀传统文化浸润青少年成长之路；利用镇村志编纂成果，为我省生态宜居美丽乡村建设提供历史借鉴；充分发挥镇村志的地情资料优势，为原产地标识认证、地理标志产品认证、名优土特产品牌塑造、非遗项目申报等提供佐证服务，助力富民产业和文化产业发展。

三、实施保障

各地各部门要充分认识做好这项工作的重要意义，坚持党委领导、政府主持、地方志机构组织实施、社会各界广泛参与的工作机制。省地方志办公室要制定相关标准和规定，开展业务培训，加强跟踪指导服务，强化统筹协调和督促检查，推动任务落地落实。各地要切实担负起本地区地方志工作领导责任，因地制宜制定鼓励政策，加强督查考核，确保镇村志编纂文化工程顺利推进。各部门和单位要大力支持镇村志编纂工作，积极提供史料，推动开发运用。

各级政府要把实施镇村志编纂文化工程纳入乡村振兴重点工作，对列入编纂规划的乡镇（街道）、村（社区）提供必要的人力、物力、财力支持。县（市、区）政府要指导所辖有关乡镇政府（街道办事处）成立编纂委员会，挑选政治意识强、文字功底好、熟悉地情并且热爱地方志工作的同志组成编纂班子，保持编纂队伍相对稳定，认真做好乡镇（街道）志编纂工作，负责指导有关村（社区）做好村（社区）志编纂工作。要积极发动人民群众，调动方方面面社会力量参与，确保高质量完成我省镇村志编纂文化工程。

江苏省人民政府办公厅

2022 年 3 月 22 日

二、编纂规范

（一）地方志书质量规定

第一章 总则

第一条 为了继承和发扬中华民族优秀文化传统，全面、客观、系统地编纂地方志书，确保质量，根据《地方志工作条例》和国家关于出版管理的法律、法规，制定本规定。

第二条 本规定所称地方志书（以下简称“志书”），是指省（自治区、直辖市）、设区的市（自治州）、县（自治县、不设区的市、市辖区）编纂的志书。

第三条 志书质量的总体要求：观点正确，体例严谨，内容全面，特色鲜明，记述准确，资料翔实，表达通顺，文风端正，印制规范。

第四条 本规定凡涉及国家法律、法规和有关标准的内容，以现行法律、法规和有关标准为准。

第二章 观点

第五条 以马克思列宁主义、毛泽东思想、邓小平理论和“三个代表”重要思想为指导，全面贯彻落实科学发展观，坚持辩证唯物主义和历史唯物主义的立场、观点和方法。

第六条 记述社会主义时期的内容，应体现社会主义时代精神风貌，全面反映发展中国特色社会主义事业的历程和成绩，正确反映历史发展中的曲折和问题。

第七条 志书不得含有下列内容：反对宪法确定的基本原则的；危害国家统一、主权和领土完整的；泄露国家秘密、危害国家安全或者损害国家荣誉和利益的；煽动民族仇恨、民族歧视，破坏民族团结，或者侵害民族风俗、习惯的；宣扬邪教、迷信、赌博、暴力的；侮辱或者诽谤他人，侵害他人合法权益的；危害社会公德或者民族优秀文化传统的；法律、法规和国家规定禁止的其他内容的。

涉及国家安全、社会稳定等重大问题，法律、法规及政策未作规定的，经由有关部门审查把关，正确把握记述尺度。

第三章　体例

第八条　坚持志体。横排门类，纵述史实，述而不论。体例科学、规范、严谨，适合内容记述的要求。

第九条　凡例关于编纂志书的指导思想、原则、时空范围、体裁、人物收录标准、资料来源、行文规范、特殊问题处理等要求，清楚明确。

第十条　志书名称以下限时的本行政区域名称冠名。其中，市辖区志书在本行政区域名称前冠以上一级行政区域名称，如“××市××区志”。

续修志书名称标明上下限年份，如“××县志（××××—××××）”。

第十一条　体裁运用得当，以志为主。

（一）述

根据志种和内容层次的不同，合理设置，概述事物发展全貌和特点等。

（二）记

大事记选录大事得当，重要事项不漏，时间、地点、人物（单位）、结果等要素齐备。

专记设置因事制宜，选题严格，数量适度。

编后记重点反映修志始末。

（三）志

门类设置合理。纵述史实把握事物的发端、变化和现状，不缺失主

江苏苏州 乡村田野

江西婺源　乡村秋晒

要事物、事物的主要方面和事物发展的重要阶段。

（四）传

立传人物为在本行政区域有重大影响者，以及本籍人物在外地有重大影响者。

（五）图、照

图、照注重典型性、资料性，从不同角度反映变化的情况。卷首插图包括本行政区域位置图、地形图、行政区划图、交通图等。地图采用国家测绘部门和有关部门绘制或者审定的。重要地理信息数据采用测绘部门公布的法定数据。

照片无广告色彩。除人物传、人物简介外，无个人标准像。

（六）表

设计合理，要素齐全，内容准确，不与正文简单重复。

（七）录

附录的原始文献、补遗考订等资料具有重要存史价值。

（八）索引

分类标准统一，名称概念清楚，提炼的标目符合主题原意，附缀正文页码准确。

第十二条 篇目设置符合“事以类聚”“类为一志”的基本要求，科学分类与现实社会分工（现行管理体制）、全志整体性与分志相对独立性的关系处理妥当。

整体布局合理，结构严谨，归属得当，层次分明，排列有序。类目的升格或降格，使用适当。

标题简明准确，题文相符，同一门类各级标题不重复。

第四章 内容

第十三条 内容反映本行政区域内自然、政治、经济、文化、社会的历史和现状。

根据各地实际分类，记述内容大致涵盖以下方面：

（一）建置、自然环境、资源、人口等；

（二）城乡建设、环境保护、交通、邮电信息、公用事业等；

（三）农业、工业、建筑业、服务业、经济管理等；

（四）中国共产党、人民代表大会、人民政府、政治协商会议、民主党派、群众组织、公安司法、军事等；

（五）教育、科学技术、文化艺术、新闻出版、广播影视、卫生和计划生育、体育等；

（六）人民生活、人事和劳动社会保障、民政、民族、宗教、风俗、方言等；

（七）人物。

第十四条　内容完整，横不缺要项，纵不断主线；详略得当，重点突出；反映事物基本特征，记述有深度。

第五章　记述

第十五条　区域界限明确。以本行政区域为记述范围，越境不书。交代背景，反映与本行政区域外的横向对比、联系等，不视为越境而书。

第十六条　时间界限明确，不随意突破志书的上限和下限，严格控制上溯或下延。

续修志书处理好与前志的衔接，注意对前志的拾遗补缺、订讹正误。

第十七条　记述事物、事件和人物，寓观点于记述之中。述体中的必要议论适度，不空泛。

第十八条　志书中同一名称、事实、数据、时间、度量衡、术语的表述，前后一致。

第十九条　内容记述不机械重复。交叉记述的事物，从不同的角度记述，或此详彼略，或用互见法。

第二十条 生不立传。在人物传、人物简介、人物表以外记述人物，以事系人、人随事出。记述人物准确、客观、公允。

第二十一条 人物传记述传主的生卒年月、籍贯（出生地）、主要经历、典型事迹、个性特征、社会评价等。人物简介略记人物履历及主要事迹，不面面俱到。人物表要素不缺。

第二十二条 图的制作规范，要素齐全，包括必要的图题、图例和注记。

照片主题明确，图像清晰，注明时间、地点、事物、需要说明的人物的位置及时任职务等。

第六章 资料

第二十三条 资料真实、准确。

资料经过鉴别、考证、核实，时间、地点、人物（单位）、事实、数据等准确。

有歧义但不可或缺的资料，多说并存。

第二十四条 资料全面、系统。

自然、政治、经济、文化、社会、人物等方面的资料齐全。

反映事物发生、发展过程的资料连贯、系统。

人、事、物，时间、地点、事件经过等要素齐备。

第二十五条 资料具有代表性、权威性。

注重使用原始资料。

第七章 行文

第二十六条 使用规范的现代语体文记述，不用总结报告、新闻报道、文学作品、教科书、论文等写法。

第二十七条 行文严谨、朴实、简洁、流畅。除引文和特殊情况外，以第三人称记述，不用第一人称。

第二十八条　使用规范汉字,用词概念准确,符合现代汉语语法规范。

使用口语、方言、土语、俗语适当；不滥用时态助词；慎用评价词语；不用模糊、空泛词句。

时间、空间概念表述准确具体，指代明确。

第二十九条　无知识性和常识性错误。不乱改科学定律、理论概念、政治术语、历史典籍、名家名言的提法和内涵等。

第三十条　各种组织、机构、法律法规、文件、会议等专有名称使用全称。使用简称的，在适当地方括注于全称之后。简称概念准确规范，不产生歧义。

第三十一条　不同时期的国家、团体、机构、职务等名称，均用当时名称。历史朝代名称使用规范的通称，以新版《现代汉语词典》附录的中国历代纪元表为准。

第三十二条　今地名使用各级政府审定的标准地名。

历史地名使用当时名称，括注志书下限时名称。

涉及其他行政区域地名的，其行政隶属关系明确。

第三十三条　跨区域的山脉、河流、湖泊、水库、公路、铁路、航线、文物、名胜古迹、重大事件等,其名称和数据以国家有关部门公布的为准。

第三十四条　人物直书姓名，不冠褒贬词语，不在姓名后加身份词；必须说明身份的，首次出现时在姓名前冠以职务（职称）。

第三十五条　译名准确。外国国名和常见的地名、人名、党派、政府机构、报刊等译名，以新华通讯社译名为准。新华通讯社没有译名的，首次使用译名时括注外文全称。

第三十六条　生物、矿物名称，使用学名。记述自然资源涉及本地生物名称的，首次出现时采用二名法，括注本地俗名。

第三十七条 表格包括表序、表题、表体和必要的表注等。表题的时间、范围、主体内容和表格性质等要素齐全。全书表格样式、编号统一。

第三十八条 文中图统一编号。

第三十九条 统计数据的使用,符合国家统计法律、法规的有关规定,数据的定义、含义、统计口径和计算方法等清楚、准确,不错用、滥用。

统计数据以国家统计部门公布的法定数据为准。统计部门没有统计的,采用业务主管部门的统计数据。

第四十条 注释符合学术规范,便于查找原文。注释形式全书统一。

引文和重要资料注明出处。

第四十一条 数字、量和单位、标点符号的使用规范、统一,符合国家有关标准的规定。

第八章 出版

第四十二条 出版,符合国家关于出版管理法律、法规及相关规定的要求。

第四十三条 民族自治地方用本民族语言文字出版的志书,符合国家关于民族语言文字出版物管理的规定。

第四十四条 出版制作以电子为介质的志书,符合国家关于电子出版物管理的规定。

第四十五条 印制,符合国家关于印刷业管理、音像制品管理的规定。

第四十六条 版面格式规范,符合国家有关技术标准和规定,装帧美观、大方。分册出版的志书,整体设计统一,形成系列。

封面书名采用印刷体,不用个人题签。

第四十七条 采用 16 开本（889×1194mm）,文字横排。

第四十八条 编辑校对符合国家关于图书质量管理的规定。全书差错率不超过万分之一。

第九章　附则

第四十九条　各省（自治区、直辖市）地方志工作机构可根据本规定，结合本地实际，制定实施细则。

第五十条　本规定由中国地方志指导小组及其办公室负责解释。

（二）江苏省地方志编写行文规范

第一章 总则

第一条 为了保证我省省、市、县（区）三级志书行文规范、体例统一，现根据中国地方志指导小组〔1998〕01号文《关于地方志编纂工作规定》和国家其他有关规定，结合我省即将全面启动地方志续修的实际情况，特制订《江苏省地方志编写行文规范》（以下简称《规范》）。

第二条 本《规范》对志书编写行文总的要求是：行文严谨朴实，简明流畅；表述准确清晰，符合逻辑；标题以事命题，科学简明；图表工整准确，要素齐全；名词术语规范统一，标点符号符合国家规定。

第二章 志名、目次

第三条 志书名称及书写形式。志书以现行行政区名称冠名。如《南京市志》《江宁县志》。区志命名应冠其所属的市名，如《南京市·白下区志》。续志应括注其断限起止年份，如《江苏省·××志》（1985年—2005年）。

第四条 志书章、节的标题应以事命题，题前冠以序号。如第一章、第二节。节以下的条目的层次以下列字序区分：一、二、三……，（一）、（二）、（三）……，1、2、3……。条目的层次不宜过多，以免将完整的事物割裂得支离破碎。

第三章 语言、文体

第五条 志书的记述，一律采用规范的语体文。除引用历史文献外，不用文言文、文白相夹的半文言文、方言、土语、俗话和口头语等。

第六条 志书语言要符合现代汉语语法，修辞精当，逻辑严密。

第七条 行文杜绝假话、大话、空话和套话。做到言之有物，言必有据，实事求是，准确清晰。

第八条 志书为资料性著述，不得写成论著、教材、文学作品、报告和总结等。

第九条 入志的史料，如人名、地名、时间、数据、图表、引文等，务必考核清楚，必要时应注明其出处。对古地名，要注明今地名。对记述的乡、镇、村、庄、里弄、街道等，应在其前写明所在的市县、市区名。

第四章　用字、标点符号

第十条 行文用字，一律以国家语言文字工作委员会 1986 年 10 月 10 日公布的《简化字总表》为依据，使用标准的简化汉字。不得使用已停用的简化汉字和生造的简化汉字。

第十一条 对古人名、地名、古籍、引文等，可能引起歧义或误解的字，应保留原用繁体字或异体字，并注明。

第十二条 行文中需用外文字和字母或少数民族文字的，一般用印刷体书写。对易混淆的，要注明其文体，同时全书要统一一致。

第十三条 行文所用标点符号，一律以中华人民共和国 1996 年 6 月 1 日实施的《标点符号用法》（GB/T 15834—1995）为准。

第十四条 省、市、县（区）三级志书除个别仿古线装本外，一律采用 16 开本，并自左向右横排书写（印刷）。志稿均要认真仔细校对，校对所用符号以国标《校对符号及其用法》（GB/T 14706—93）为准。

第五章　名称记法

第十五条 志书一律以第三人称书写，不用我省、我市、我区、我县等第一人称书写。有时为了书写方便、节省篇幅等，可酌情简写为“全省”“省内”“省 ×× 厅”等称谓。

第十六条 为了如实反映历史面貌，对各个历史时期的党派、社团、政权机构、各类职务等均以当时名称为准，不冠以褒贬词语，不以今称替代。

第十七条　人名除引文外，应直书其名，不加“同志”“先生”“女士”之类的称呼。必要时，可加其主要职务。如 ××× 主席、××× 省长、××× 院士、××× 工程师等。

第十八条　涉及外国国名、地区名、语种、党派、社团、政权机构、人名、报刊名等，其译名均以新华通讯社的译名（或社会上公认的译名）为准。

对世界各国和地区名称代码，可参照国际 GB/T 2659—94；对中国各民族名称的罗马字母拼写法和代码，可参照国标 GB 3304—91；对语种名称代码，可参照国标 GB 4880—91。

第十九条　各种名称在志书中第一次出现时，一律写全称。若名称较长，为了书写方便和减少字数，可在其第一次出现时，括注其已流行并不易产生歧义的简称，以便再次出现时使用。

第二十条　志书行文一律用过去式，对年长日久后容易使人概念模糊或不规范的全称或简称，一律书写正规的全称或简称。如：

“日寇”“日本鬼子”，应称“日本侵略军”，或简称“日军”。

“蒋介石集团”，在中华人民共和国建立之前称“国民政府”，之后应称“台湾当局”。

“蒋匪军”，应称“国民党军队”或称“国民党政府军”。

“十年动乱”“十年浩劫”“文革”，应称“文化大革命”。

“四人帮”，应称“江青反革命集团”。

“四化”，应称“农业、工业、国防和科学技术现代化”，或称“社会主义现代化”。

“建国前（后）”，应称“中华人民共和国成立前（后）”，或称“新中国建立前（后）”。

第二十一条　在日本帝国主义侵占中国部分地区时扶植的汉奸政权，

称“日伪政权”，或称“伪政权”。如“汪伪政权”等。其发行的货币称“伪币”。

第二十二条 使用左倾、左的错误、左的影响、左的思想等词语时，其左字应加引号。而使用极左时，其左字不加引号。

第二十三条 对各行业在一定历史时期内口头流行的略语，如“三资”“五包”“四无”“三种人”等，尽可能不写入志书。确有必要写时，应括注其具体内容。

第二十四条 志书中出现相同人名时，应分别在其首次出现时括注各人的生卒年月或出生地（或用能区别他们人名的字、号、别名、笔名、曾用名、绰号或职业、职务等之一项），予以区别。

第二十五条 记述动物、植物、矿物等的专业志，书写动物、植物、矿物等的名称时，应书写其标准学名，必要时括注其拉丁文、当地俗名。

第六章 时间记法

第二十六条 公历世纪、年代、年、月、日和时刻的记述，一律按中华人民共和国1996年6月1日实施的《出版物上数字用法的规定》（GB/T 15835—1995）第五条办理。

第二十七条 世纪、年代的起讫用波浪式连接号“~”表示，如“10~20世纪”“1949~1999年”；年度、人的生卒年，用直线式连接号“—”表示，如“1998—1999年度江苏省财政预算”“鲁迅（1881.9.25—1936.10.19）是中国现代伟大的文学家、思想家和革命家”。

第二十八条 公元前的世纪须加“公元前”三个字，如“公元前12世纪”“公元前88年”；公元后的世纪、年代，一般不加“公元”二字，如“20世纪中叶”“1912~1949年”。

对100以内的公元年代，须加“公元”二字，如“公元6年”“公元98年”。

对起讫年代跨越公元前后，应写作“公元前××年~公元××年”。

第二十九条 新中国建立前后纪年的记述方法：

在中华人民共和国建立之前，采取以朝代年号纪年（包括民国纪年）加注相应的公元纪年，如清宣统三年（1911 年）、民国 5 年（1916 年）。

在中华人民共和国建立之后，一律采用公元纪年，如 1949 年 10 月 1 日。

第三十条 相同的朝代年号不同年份在志书同一篇（章）中多次出现时，为了记述方便和减少字数，在其第一次出现时括注相应公元纪年，以后出现时可不再括注。

第三十一条 年份不能简写，如 1980 年不能写作“80 年”；1949~1999 年不能写作“49~99”。

第三十二条 记述时间，应书写具体的年、月、日、时（必要时还要记分、秒等），如 2000 年 8 月 16 日 18 时 40 分 20 秒。不得用“去年”“近年”“上月”“本日”“最近”“目前”“以前”等不确切的时间概念。

第七章 数字的运用

第三十三条 下列情况必须使用汉字书写：

1. 定型的词、词组、成语、惯用语、缩略语、具有修辞色彩的词语中作为语素的数字，如一方面、二万五千里长征、三叶虫、四书五经、五一国际劳动节、“六五”计划、七七事变、八国联军、九三学社、十月革命等。

2. 相邻的两个数字并列连用表示概数（连用的两个数字之间不得用顿号隔开），如一两个小时、二三米长、三五天、四五十岁等。

3. 带有“几”字的数字表示约数，如十几分钟、二十几人、一百几十次等。

4. 中国干支纪年和夏历月日，如庚辰正月初一、腊月十八日、八月十五中秋节等。

5. 中国清代和清代以前的历史纪年、各民族的非公历纪年必须用阿拉伯数字括注相应的公历纪年，如秦文公四十四年（公元前722年）、太平天国庚申十年九月二十四日（清咸丰十年九月二十日，1860年11月2日）、藏历阳木龙年八月二十六日（1964年10月1日）。

6. 含有月日简称表示事件、节日和其他意义的词组，其书写有两种形式：

（1）是一月、十一月、十二月时，书写时应使用间隔号“·”将表示月和日的数字隔开，并外加引号，避免歧义，如“一二·八”事变、“一二·九”运动、“一·一七”批示、“一一·一〇”案件等；

（2）是其他月份，书写时不用加间隔号，是否使用引号，视事件的知名度而定，如五一国际劳动节、五四运动、五卅运动、七七事变、“五二〇”声明、“九一三”事件等。

第三十四条 下列情况必须使用阿拉伯数字书写：

1. 统计表中的数值，如正负整数、小数、百分比、分数、比例等，如68、406、-16.4、24.06%、36%~68%、1/8、5/6、1∶10000等。

2. 公历世纪、年代、年、月、日和时、分、秒，如公元前16世纪、20世纪90年代、1949年10月1日、上午9时、16时40分、18时30分40秒等。

3. 物理量量值，如80km（80千米）、20kg（20千克）、120m^2（120平方米）、37℃（37摄氏度）、1.2A（1.2安〔倍〕）、86Ω（86欧〔姆〕）100V（100伏〔特〕）等。

4. 非物理量量值，如100元、8个月、12亿人、100岁、28张纸、10册书、4根扁担、6棵树等。

5. 代号、代码和序号，如国家标准GB 1234—90、国办发〔1991〕1号文件、总字第5678号、统一列号CN12-2345、HP3000型电子计算机、

（91）卫药准字 2-71 号、维生素 B_{12} 等。

6. 引文标注中版次、卷次、页码（除古籍应与所据版本一致外），如“列宁：《新生的中国》，见《列宁全集》中文 2 版第 22 卷 208 页，人民出版社 1990 年 10 月版”。

第三十五条　在下列情况可以灵活变通：

1. 整数一至十，如果不是出现在具有统计意义的一组数字中，可以用汉字，但要照顾到上下文，求得局部体例上的一致。如一个人、三本书、六种产品、八个百分点、看了十遍等。

2. 遇有特殊情形，或者为避免歧解，可以变通使用汉字，但全志体例应相对统一。

第八章　计量单位

第三十六条　志书中的计量单位，一律采用国家法定的计量单位。其有关计量和单位、符号，可分别参照以下国家标准：

1.《国际单位制及其应用》（GB 3100—93）；

2.《空间和时间的量和单位》（GB 3102.1—93）；

3.《热学的量和单位》（GB 3102.4—93）；

4.《电学和磁学的量和单位》（GB 3102.5—93）；

5.《光及有关电磁辐射的量和单位》（GB 3102.6—93）；

6.《声学的量和单位》（GB 3102.7—93）；

7.《物理化学和分子物理学的量和单位》（GB 3102.8—93）；

8.《物理科学和技术中使用的数学符号》（GB 3102.11—93）；

第三十七条　行文中不得夹写计量单位符号，物理、数学符号，化学分子式或其他符号，但在计算公式中，应使用国标规定的有关符号。

如在行文中使用平方米、小于、水等表述，而在计算公式中可应用相应的“㎡”“<”“H_2O”等符号。

第三十八条 为了反映历史情况，历史上使用过的旧计量单位、旧币、外币等，记述时可照实记录，但应尽可能地按新国标、新币制等进行换算，并用括号注明换算的数值。

第九章 引文注释

第三十九条 对重要的引文和需要说明的专用名词、特定事物等，应予注释。为便于阅读、查检，注释采取页末注（脚注）。注释应在本页的最下面并与下文之间划条注线（位置占一行，从左边顶头划起，长度占版面宽度的四分之一强）。一页之中只有一个注释的可用星标（*），有两个以上的则用①②③④……数字标号。引文注码应标在引文末字的右上方。

第四十条 引用下列资料，应作有关注明：

1. 引用书籍中的资料，应注明作者姓名、书名、卷次、页码、出版单位和年月等。如庄威凤等《中国地方志联合目录》第 ×× 页，中华书局 1986 年 1 月出版。

2. 引用文件中的资料，应注明发文单位、年月、字别文号、标题等。如江苏省人民政府《关于建立江苏省地方志编纂委员会的通知》（苏政发〔1986〕9 号文件）。

3. 引用志书中的资料，应注明志书编纂出版的朝代、志名、卷次等。如清康熙《畿辅通志》第四十六卷。

4. 引用报刊中的资料，应注明作者的姓名、篇名、报刊名、年月（刊期）等。如“孙家正：《“双百”方针与改革共命运》，《江海学刊》1986 年第 5 期第 3 页”。

第四十一条 引用引文资料时，应直接引用原著，如实在找不到原著而只能转引别人的引文时，要注明转引自何文（包括出书的出版年月、出版社、页码；发文时间、文号、单位等）。引文必须与原文一致，不得任意改动，若原文有错字，也要照写，但要在错字之后加括号标明正字。

第十章　表格图照

第四十二条　恰当地使用正确的表格图照，可起到文省事明、图文并茂的效果。对表格和图照的制作有以下要求：

1. 表格应包括标题、表体、说明和序号四个部分，其中标题应具有地域（单位）、时间、事项三个要素。标题要居中排列，其右侧标明表格所用的计量单位，左侧标明表格的序号。

2. 表格中所记述的数字，必须准确无误，且其各分数之和应等于总计数，并与正文中所记述的相关数字一致。

3. 图照应真实和清晰，各图照应标注其说明及摄制时间、地点等。必要时，对复制的图照还应注明其原件的尺寸和保存单位等。

第四十三条　一般表格与图照应排列在志书正文相关内容之中或后面，以使其与正文巧妙搭配、相得益彰；对篇目过多的汇总等表格，其排列不宜穿插在正文之中，可视情作为附录排列在相关章节之后或志书的其他适当位置；对特选的最具代表性综合性的重要图照，也可集中排在志书正文之前，以便人们开卷就能直观、概略地了解当地或本业的地方、行业、时代特色等。

（说明：本规范发布于2000年，其中涉及的部分国家标准及规范性文件已有更新或修订，使用时以最新标准、规范为准）

（三）江苏名镇名村志评审验收办法

一、总　则

第一条　为规范江苏名镇名村志审查验收工作，确保志书质量，根据《省政府办公厅关于转发〈江苏名镇名村志编纂工作方案〉的通知》，制定本办法。

第二条　江苏名镇名村志实行三审一验收制度。

志书的审查验收，以中国地方志指导小组《地方志书质量规定》为依据，按照江苏名镇名村志的编纂要求，对志书质量进行全面、严格审查把关。

第三条　本办法适用于列入编纂计划的江苏名镇名村志的评审验收工作。

二、志书评审

第四条　志书评审实行初审、复审、终审三审制，依序逐级送审。

初审：由编纂单位负责组织实施。

复审：由县（市、区）地方志工作机构负责组织实施。

终审：由设区的市地方志工作机构负责组织实施。

第五条　评审人员。

每级评审的人数不得少于 3 人，由地方志系统及其他方面的专家、行家组成。地方志系统的评审人员必须熟悉名镇名村志编纂业务和要求。

终审人员名单须报江苏名镇名村志编纂委员会办公室备案。

第六条　评审人员的评审费可以根据实际情况商定，一般由组织评审的单位承担。

第七条　评审程序。

初审，编纂单位完成初稿编写后即可进行初审，填写《江苏名镇名村志初审意见表》。

复审，编纂单位应及时完成初审后的志稿修改，将申请复审报告、复审稿、《江苏名镇名村志初审意见表》，一式5份，报送县（市、区）地方志工作机构，然后组织复审。

终审，编纂单位必须认真完成复审后的志稿修改，将申请终审报告、终审稿、《江苏名镇名村志复审意见表》以及复审人员书面评审意见，一式5份，报送设区的市地方志工作机构，然后组织终审。

终审人员须在收到终审稿后20日内将评审意见、《江苏名镇名村志终审稿质量评估表》反馈给负责终审的单位。终审稿评估质量平均分在90分以上，方可召开终审会；终审稿评估质量平均分未达到90分的，不得召开终审会，返回编纂单位按审查意见修改，达到终审质量要求后，再组织评审。

《江苏名镇名村志终审稿质量评估表》须报江苏名镇名村志编纂委员会办公室备案。

第八条 评审内容与形式。

初审，重点审查记述内容是否完整，史实是否准确，本地“名”“特”是否体现。

复审，重点审查史实是否准确，地方“名”“特”是否突出，名镇名村志体例和基本要求是否符合。

终审，重点审查篇目设计是否彰显“名”“特”，布局是否合理；内容记述是否突出重点，详略是否得当；条目撰写是否体现特色，是否注重创新；语言是否通俗流畅，行文是否规范。

参加复审、终审的人员应当全面、认真审阅志稿，每人撰写3000字以上的评审意见。终审人员还需填写《江苏名镇名村志终审稿质量评估表》。

初审、复审可以采用书面评审，也可以组织召开评审会。召开评审会的，上一级地方志工作机构应当参与指导；终审必须召开评审会，并由江苏名镇名村志编纂委员会办公室派人现场指导。

三、志书验收

第九条 志书验收工作由江苏名镇名村志编纂委员会办公室负责。

第十条 验收小组由有关方面的领导、专家、学者组成，人数不少于 3 人。聘请专家、学者的费用由江苏省地方志办公室承担。

第十一条 验收程序与要求。

志书通过终审后，设区的市、县（市、区）地方志工作机构应当加强指导，高标准、高质量地完成志稿修改后方可以申请验收。

申请验收时，编纂单位应当将终审稿修改情况、申请验收报告、验收稿（包括电子版）、《江苏名镇名村志终审意见表》《江苏名镇名村志终审稿质量评估表》，以及终审人员书面评审意见，一式 8 份，报送江苏名镇名村志编纂委员会办公室。

验收稿要做到齐、清、定，达到出版要求。

第十二条 验收形式与要求。

验收会由江苏名镇名村志编纂委员会办公室组织召开，并签发《江苏名镇名村志验收意见表》。

验收人员需对志稿进行全面审查，认真审阅、修改志稿，每人撰写 3000 字以上的验收意见，并填写《江苏名镇名村志验收稿质量评估表》。

验收人员须在收到验收稿后 20 日内将验收意见、《江苏名镇名村志验收稿质量评估表》报送江苏名镇名村志编纂委员会办公室。

第十三条 验收稿评估质量平均分在 95 分以上，方可以召开验收会，并对志稿修改定稿，进入出版程序，由江苏省地方志办公室统一组织出版；验收稿评估质量平均分未达到 95 分的，不予召开验收会，返回编纂单位按验收意见修改，达到验收质量要求后，方可以组织验收。

四、附　则

第十四条　《江苏名镇名村志初审意见表》（表1）、《江苏名镇名村志复审意见表》（表2）、《江苏名镇名村志终审意见表》（表3）、《江苏名镇名村志验收意见表》（表4）、《江苏名镇名村志终审稿质量评估表》（表5）、《江苏名镇名村志验收稿质量评估表》（表6），由江苏名镇名村志编纂委员会办公室统一制作。

第十五条　本办法由江苏名镇名村志编纂委员会办公室负责解释。

第十六条　本办法自印发之日起施行。

三、参考篇目

（一）《车逻镇志》篇目

第四节　保险业
第十五章　经济综合管理
第一节　农业经营管理
第二节　工商行政管理
第三节　物价与收费管理
第四节　统计
第五节　审计
第六节　质量技术监督
第七节　食品药品监督管理
第八节　安全生产监督管理
第十六章　政党　社团
第一节　中国共产党车逻地方组织
第二节　中国国民党车逻地方组织
第三节　社会团体
第四节　其他团体
第十七章　人大　政府　政协
第一节　人民代表大会
第二节　政府
第三节　政协工作委员会
第十八章　公安　司法　军事
第一节　社会治安综合治理
第二节　公安
第三节　司法
第四节　军事
第十九章　劳动　人事
第一节　劳动管理
第二节　人事管理
第二十章　民政
第一节　民政机构
第二节　基层自治组织建设
第三节　社会事务管理
第四节　地名管理
第五节　双拥工作
第六节　优抚安置
第七节　救助　扶贫
第八节　社会福利
第九节　慈善工作
第二十一章　科学技术
第一节　科技管理
第二节　农业科技
第三节　工业科技
第四节　防震减灾
第二十二章　教育
第一节　私塾教育
第二节　幼儿教育
第三节　小学教育
第四节　中学教育
第五节　成人教育

第十节　勤王村

第十一节　渠南村

第十二节　南苑社区

第十三节　朝阳社区

第十四节　蚕种场（站）

附录

一、诰命　碑记

二、省、市（县）文件选录

三、镇（乡）文件选录

四、辑目

五、荣誉榜

六、轶事

后记

（二）《钱桥街道志》篇目

概述

大事记

第一篇　区域环境

第一章　赤墩文化遗址

第一节　赤墩遗址的发现、发掘过程

第二节　赤墩遗址清理出的遗迹和出土遗物

第三节　赤墩遗址文化内涵

附录一：无锡市文化遗产保护和考古研究所《关于钱桥街道赤墩遗址发现崧泽文化时期大型祭坛的报告》

附录二：无锡市文化遗产保护和考古研究所《无锡惠山区钱桥街道赤墩遗址发掘、调查报告》

第二章　建置区划

第一节　地理位置

第二节　沿革

第三节　行政区划

第四节　地名变迁

第三章　社区概况

第一节　钱桥社区

第二节　华新社区

第三节　苏庙社区

第四节　溪南社区

第五节　舜柯社区

第六节　洋溪社区

第七节　晓丰社区

第八节　西漳社区

第九节　晴山蓝城社区

第十节　藕塘社区

第十一节　东风社区

第十二节　南塘社区

第二节 民国时期地方行政机构

第三节 地方人民代表大会

第四节 解放后至建立职教园区前地方行政机构

第五节 镇园合一、街园合一

第六节 政务工作

第七节 地方人民政治协商会议

第二十一章 其他党派 社会组织

第一节 中国国民党钱桥地方组织

第二节 三青团地方组织

第三节 民主党派

第四节 工商联（商会）

第五节 人民团体

第六节 社会团体

第二十二章 公安司法

第一节 公安

第二节 检察

第三节 法庭

第四节 司法行政

第五节 综合治理

第六节 监所

第二十三章 军事

第一节 武装力量

第二节 兵役

第三节 人民防空

第四节 国防教育

第五节 驻军与共建

第六节 支援抗美援朝战争

第七节 战事

附录一：日军暴行

附录二：钱桥上秦巷人高中玉于 1940 年 3 月 31 日给蒋介石的秘密呈文及国民党军令部、军政部的批示，国民政府的签呈等

第五篇 教育科技

第二十四章 基础教育

第一节 私塾

第二节 学前教育

第三节 小学教育

第四节 中学教育

第五节 无锡县青少年业余体校

第六节 教师队伍

第七节 教育经费

第八节 管理机构

第二十五章 无锡职教园校区

第一节 规划与建设

（三）《舟山村志》篇目

第二节 副业
第三节 分配
第八章 工商业
第一节 工业
第二节 商贸
第九章 基层组织
第一节 中国共产党组织
第二节 行政组织
第三节 经济组织
第四节 群团组织
第五节 民兵组织
第六节 生产队
第七节 集体荣誉
第十章 舟山古村
第一节 古迹
第二节 民俗
第三节 保护规划
第十一章 新农村建设
第一节 基础设施
第二节 拆迁与安置
第三节 美丽村庄建设
第四节 环境卫生
第十二章 社会事业
第一节 教育
第二节 卫生 健康
第三节 群众文体
第四节 社会保障
第十三章 村民生活
第一节 家庭经济收入
第二节 家庭主要消费
第三节 家庭抽样调查
第十四章 人物 荣誉
第一节 人物传略
第二节 人物名录
第三节 劳模、先进
第十五章 杂记
第一节 艺文
第二节 革命斗争故事
第三节 民间传说
第四节 周山匠人行话
主要参考文献
编纂始末

（四）《傅家边社区志》篇目

走进傅家边
第一章 社区概览
第一节 历史沿革
第二节 组织结构
第三节 面积与人口

第四节　自然环境
第五节　自然村落
第二章　村庄建设
第一节　建设规划
第二节　基础设施
第三节　农村建房
第四节　人居环境建设
第五节　美丽乡村示范村
第三章　农田水利
第一节　水库塘坝
第二节　灌溉工程
第三节　农田建设
第四章　特色经济林果
第一节　经济林果种植
第二节　果品与茶叶
第三节　果品与绿茶加工
第五章　傅家边农业科技园
第一节　新品种与新技术
第二节　科研开发
第三节　科技示范
第四节　经营体制
第六章　农业休闲旅游
第一节　景区建设
第二节　旅游基础设施
第三节　农家乐　民宿村
第四节　节庆活动
第七章　经济与社会发展
第一节　经济发展
第二节　社会事业
第三节　社会保障
第四节　村民生活
第八章　精神文明建设
第一节　文明创建
第二节　党建与宣传教育
第三节　傅家边村史馆
第九章　乡土文化
第一节　民间文艺
第二节　传统技艺
第三节　传统庙会
第四节　方言土语
第五节　民谣
第六节　故事传说
第七节　宗谱宗祠
第八节　古遗址
第十章　习俗礼仪
第一节　生活习俗
第二节　礼仪习俗
第三节　岁时习俗
第十一章　名人乡贤
第一节　人物传

（五）《江苏名镇·东山镇志》篇目

碧螺春种植与制作技艺

碧螺春荣誉

碧螺春茶文化活动

第五篇　物产美食

土特名产

美食佳肴

第六篇　乡土文化

民间文艺

传统技艺

山歌民谣

第七篇　风土风情

生产习俗

生活习俗

岁时习俗

第八篇　名人名镇

名人传略

名人履痕

大事记

编后记

（六）《江苏名镇·洪蓝街道志》篇目

洪蓝　诗意栖居的地方

一、村情概览

历史沿革

自然环境

区位面积

人口姓氏

经济发展

社会事业

居民生活

组织机构

街道（镇）荣誉

二、镇村建设

建设规划

集镇建设

村庄建设

拆迁安置

邮电通信

供电供水

交通设施

水利设施

三、美丽家园

生态资源保护

环境综合治理

美丽乡村建设

四、休闲旅游

无想山景区

胭脂河·天生桥景区

古胜景、古遗址

农家乐

旅游节庆

五、傅家边农业科技园

科技示范

经济林果

农业观光

现代农业

特色农产品加工

六、精神文明

文明创建

道德楷模

村史馆

七、物产美食

物产

美食

八、风土人情

传统庙会

民间文艺

传统技艺

九、名人传略

古代人物

革命烈士

现代名人

大事记

编后记

（七）《江苏名村·姜杭村志》篇目

传奇姜杭　水乡明珠

一、村情概览

历史沿革

区位交通

自然环境

自然资源

姓氏人口

经济发展

社会事业

村民生活

村级组织

二、太极水村

水村格局

水村景点

水村建设

三、姜里遗址

遗址发现

遗址发掘

遗址保护

四、物产美食

地方物产

农家菜肴

乡土风味

四时糕点

（八）《江苏名村·引江社区志》篇目

编后记

2022 年 3 月，江苏省人民政府办公厅印发《关于实施镇村志编纂文化工程的通知》，正式启动了镇村志编纂文化工程项目。为了更好地服务镇村志编纂文化工程，2024 年，江苏省地方志工作办公室在 2022 年 3 月编纂的《江苏省镇村志编纂指导手册》基础上，结合编纂工作实际，启动了《镇村志编纂实务指南》（以下简称《指南》）编纂工作，历时 1 年，完成编纂工作，由南京出版社出版发行。

《指南》编纂工作于 2024 年 3 月正式启动。3 月初，制定编纂大纲，邀请省内相关专家撰写初稿。7 月，完成初稿撰写，由江苏省地方志工作办公室市县指导处对书稿进行第一次统稿，并经办领导审核后，将一统稿返回作者修改。9 月初完成第二次统稿。后经多次审校，于 2025 年初正式出版。

《指南》紧贴镇村志编纂工作实际，以实务操作为要义，理论结合实际，配有大量典型范文或实例，图文并茂，力图为镇村志一线编纂人员提供一本简明易懂的工作用书和参考教材。全书共设 8 章，第一章方志常识，介绍方志基本知识；第二章工作流程，指明志书编纂路径；第三章篇目设置，介绍科学设置篇目的原则和方法；第四章志书资料搜集与整理，阐述资料搜集的范围、原则、方法；第五章志稿编写，具体介绍各部类志稿编写要点和方法；第六章其他体裁编写，介绍述体、大事记、人物传记、图表、音视频、附录的编纂方法；第七章总纂统稿，阐述总纂的方法和要求；第八章装帧出版，介绍装帧设计和出版审校。另在最

后设有附录，收录一些规范性文件和参考篇目。（全书图片来源于“视觉中国”和“江苏名镇名村志”丛书）

《指南》的编纂工作得到了全省地方志系统专家的大力支持，除了第一章方志常识由江苏省地方志工作办公室同志撰写外，其他各章由省地方志工作办公室约请相关专家撰写，其中第二章工作流程和第三章篇目设置由王海燕（盐城市地方志办公室副主任）撰写，第四章志书资料搜集与整理由王鼎良（宝应县地方志办公室原主任）撰写，第五章志稿编写由申万霞（泰州市党史方志办公室副主任）撰写，第六章其他体裁编写由傅强（苏州市地方志办公室副主任）撰写，第七章总纂统稿由陆瑞萍（连云港市地方志办公室主任）撰写，第八章装帧出版由杨传兵（南京出版社镇村志编辑部副主任）撰写。

由于时间和水平有限，千镇万村情况各异，难以编纂出一本全方位的、通用完善的实务指南，有不足和不妥之处，敬请读者批评指正。